MEMOIRE

De M. Monory,

Capitaine-Adjudant de Place,

Sur les causes qui ont motivé sa demande de retraite, adressé à ses anciens camarades et à ses concitoyens.

CHERBOURG,
TYP. DE BEAUFORT ET LECAUF.

A mes Camarades.

A mes Concitoyens.

Si, comme je l'ai réclamé plusieurs fois avec instance de mes supérieurs, on eût formé un conseil d'enquête pour apprécier ma conduite au Fort-Royal et la nature de mes relations avec M. Boucher de Morlaincourt, je n'aurais qu'à produire aujourd'hui la décision du conseil pour prouver à mes camarades et à mes concitoyens que je n'ai pas cessé un seul instant de marcher dans la voie de l'honneur et du devoir, et que les désagréments que j'ai éprouvés n'étaient pas mérités. Le refus qui m'a été fait de cette faveur me force à dévoiler les faits qui m'ont amené à demander ma retraite, quand je pouvais encore pendant quelques années être utile à mon pays. La tâche que j'entrepends est pénible. Mais craignant qu'il reste l'ombre du doute sur mon innocence, je la remplirai avec courage et fermeté, devant à mes camarades de l'armée et à mes concitoyens, au milieu desquels je ne cesserai d'habiter, de justifier que je suis toujours digne de l'intérêt qu'ils ont bien voulu me témoigner.

Il y avait un an que j'étais au Fort-Royal, (à une lieue en mer de Cherbourg) où les fonctions de Capitaine-Adjudant de Place Commandant m'avaient appelé, lorsque les tracas qui se sont par la suite succédé sans interruption commencèrent à m'assaillir. Pendant deux ans, je me vis forcé de tenir une correspondance administrative, moi qui ne connaissais d'autres réglements que les réglements militaires: sans appui, sans le secours de celui qui aurait dû prendre en main ma défense, (M. le colonel Boucher de Morlaincourt, Commandant la Place de Cherbourg) puisque je relevais de lui directement, je fus livré à mes seuls moyens contre une administration dont tous les membres savent admirablement se soutenir, l'Intendance. M. Escher, en ce moment Sous-Intendant militaire à Cherbourg, protégeait outre mesure le sieur Lelaidier, entrepreneur des communications entre le Fort-Royal et Cherbourg, aussi ne pouvais-je obtenir de cet entrepreneur que son service fût fait ainsi que l'exigeait son cahier des charges; j'aurais, à l'appui de ce que j'avance, à présenter une correspondance suivie, mais comme ce ne sont pas pour le moment ces faits que j'attaque, je les laisserai de côté. Par suite du délaissement complet de M. de Morlaincourt, je fus bientôt contraint d'abandonner une lutte où je ne pouvais rien obtenir dans l'intérêt du service de la garnison et des habitants; aussi je me vis réduit à laisser agir l'entrepreneur selon son bon vouloir, puisque M. l'Intendant approuvait tous ses actes.

Je me résignai donc, et je pris patience jusqu'en 1840, où dès lors je me vis, sans trop savoir pourquoi, en butte à des vexations et à un acharnement continuel de M. de Morlaincourt à mon égard. J'ai su depuis que M. le Commandant de place désirait mettre au Fort-Royal M. Gérard, qui du reste, ainsi qu'on le sait, m'a succédé dans mon commandement. Ce sont là ces mêmes vexations qui, trop souvent répétées, finirent par établir, entre M. le Commandant de la place et moi cette lutte de trois années, lutte d'autant plus fâcheuse que j'avais pour adversaire une autorité supérieure, et qui trouvait une puissante influence dans de hautes protections.

Blessé dans ce qu'un militaire a de plus cher, son honneur, compromis dans mes intérêts, affligé de vexations sans cesse renaissantes, je criai justice aux Généraux commandant le département, au Ministre de la guerre, enfin au Roi lui-même. Tous restèrent sourds à mes vives instances, et ce système de persécution établi contre moi ne fit que s'accroître du silence de ceux qui devaient me rendre justice et m'accorder leur protection, jusqu'à ce qu'enfin la mesure se trouva comblée par la perte de mon emploi et les dernières rigueurs dont on puisse user envers un militaire coupable des plus hauts délits.

Ayant vainement demandé à comparaître devant un conseil d'enquête, c'est le public, ce sont mes concitoyens, ce sont mes frères d'armes que je fais juges de la conduite inouie que l'on a tenue à mon égard; c'est à leur loyauté que je soumets cette cause, les chargeant de ma défense, et suppléant ainsi à l'inefficacité des lois qui devaient me protéger; je les prie d'apprécier avec impartialité toutes les disgrâces non méritées dont on m'a abreuvé, et dont le but, du reste bien rempli par M. de Morlaincourt, a été de me contraindre à demander ma retraite bien avant le temps où j'aurais pu le faire, à limiter ainsi une carrière que j'ai parcourue honorablement, et par suite me privant, ainsi que ma famille, des avantages que j'avais déjà acquis par mes longs services.

Quelque fastidieux que puissent paraître les détails dans lesquels je vais entrer, comme dans cette affaire tout s'enchaîne et exerce une influence réciproque, je dois réclamer l'indulgence de mes lecteurs et les prier de suivre pas à pas chaque fait, et d'apprécier surtout les lettres sur lesquelles je m'appuierai dans le cours de ce mémoire pour prouver la haine dont M. de Morlaincourt m'a poursuivi pendant trois ans.

Je vis arriver en 1838, pour portier-consigne au Fort-Royal, un individu dont l'état normal était l'ivresse : touché du dénuement complet où il se trouvait, ainsi que sa famille, sa femme, sa fille et sa belle-mère octogénaire, je m'empressai d'aider à leur détresse et de leur ouvrir ma bourse en les exhortant à y puiser pour couvrir leurs premiers besoins. Journellement la femme et la fille Rouzeau venaient chez moi me prier de punir le Sr Rouzeau qui était dans une ivresse complète et qui, dans cet état, se livrait envers elles à de mauvais traitements; enfin je fus assez heureux pour inspirer de la crainte à cet homme et l'empêcher, par mes exhortations, de se livrer aussi fréquemment à la boisson, à la grande satisfaction de sa femme qui ne savait comment me remercier, me disant que sans moi Rouzeau les tuerait.

Quelque temps se passa; un jour j'appris par M. le Colonel de Morlaincourt à qui j'avais fait le récit de tout ce que m'avait dit la femme Rouzeau, que si je voulais me débarrasser de ce portier-consigne, il se présentait une bonne occasion; le Ministre de la Guerre demandait en ce moment des portiers de 3e classe pour faire passer de 2e. Je fis appeler la femme Rouzeau et lui demandai s'il entrait dans ses intérêts de faire passer son mari de 2e classe, la solde étant plus forte et la retraite devant augmenter également. Cette femme se jeta à mes genoux, me conjurant de ne pas le faire, disant que jamais elle n'avait été si heureuse, et que si Rouzeau quittait le fort, ses mauvais traitements recommenceraient, qu'au surplus ils étaient encore trop dépourvus pour se mettre en route, et qu'ils trouvaient au fort des avantages qu'ils ne rencontreraient pas ailleurs. D'après ces motifs, je répondis à M. le Colonel qu'on ne pouvait donner d'avancement au sieur Rouzeau qui du reste était loin d'avoir une conduite régulière.

Qelques mois après, cet homme, sans doute à l'instigation de quelqu'un ou par un travers de son imagination, se persuada que j'avais demandé son changement, et écrivit au Commandant de Place en ce moment à Paris, pour se recommander à lui, disant: que je voulais lui faire perdre le poste qu'il occupait. Le 3 octobre, jour de la rentrée de M. de Morlaincourt à Cherbourg, je reçus l'invitation de me rendre au bureau de la Place le plus tôt possible pour affaires de service. J'obéis à cet ordre, et à peine étais-je entré, que le Colonel m'apostropha de vifs reproches sur la prétendue démarche que j'avais faite pour demander, pendant son absence, au Général commandant le département le changement du sieur Rouzeau. Malgré mes assurances les plus positives qu'il n'en était rien, il ne voulait en aucune manière ajouter foi à mes paroles, disant que si ce n'était pas, cet employé ne se serait pas avancé aussi formellement, puisqu'il affirmait savoir le jour du départ et le jour de l'arrivée de ma prétendue lettre. Enfin, sur mes demandes réitérées, il consentit à recevoir le portier pour voir s'il soutiendrait ce qu'il avait écrit, et s'il pourrait donner des preuves plus explicites de la démarche que, disait-il, j'avais fait contre lui.

Le lendemain j'envoyai au bureau de la place le sieur Rouzeau, avec une lettre dont copie :

« Fort-Royal, le 4 octobre 1840.

» Mon Colonel,

» D'après vos ordres, j'ai signifié à M. Rouzeau, portier-consigne, de se rendre au bureau de la Place aujourd'hui 4 du courant, à 9 heures du matin. Comme M. Rouzeau s'est permis de vous écrire des mensonges tendant à me compromettre, je vous demande de m'au-

» toriser à lui infliger 8 jours de salle de police.

» J'ai l'honneur d'être, etc.

MONORY.

» A M. le Colonel de Morlaincourt, etc. »

Le Colonel put enfin se convaincre que tout ce qu'il m'avait reproché était faux et n'était que le fruit de l'imagination troublée du sieur Rouzeau, je reçus donc la lettre suivante.

» Cherbourg, le 4 octobre 1840.

N° 522.

» Monsieur le Capitaine,

» Après avoir vu ce matin votre portier-
» consigne, je demeure convaincu que son
» imagination seule lui a fait écrire la lettre
» qu'il m'a adressée pendant mon absence: mais
» quand notre imagination nous fait faire des
» sottises, nous devons en porter la peine. En
» conséquence, vous infligerez *huit* jours de salle
» de police au sieur Rouzeau pour votre compte,
» et *huit* de plus pour le mien, en tout *quinze*
» jours.

» Je suis, avec la considération, etc.,

» de MORLAINCOURT.

» A Monsieur le Capitaine Monory. »

Il est évident d'après cette lettre, que c'est seulement après avoir vu le portier consigne, que M. de Morlaincourt est demeuré convaincu que je lui avais dit la vérité, et si cet homme avait eu assez d'audace pour soutenir le mensonge qu'il avait déjà avancé avec tant d'assurance, j'aurais été aux yeux du Colonel coupable et imposteur. Cette première faute eût dû mettre M. de Morlaincourt en garde à l'avenir contre les rapports du sieur Rouzeau. Aussi est-il étonnant de le voir prendre dans la suite cet homme sous sa protection, donner à ce subordonné tous droits contre mes ordres, et abaisser ainsi mes épaulettes de Capitaine et mon commandement aux pieds d'un portier dont la conduite était à tous égards vile et méprisable.

Dans la famille Rouzeau il y avait, ainsi que je l'ai dit plus haut, une femme octogénaire (de 86 ans). Cette femme était la belle-mère du sieur Rouzeau. Sans égards ni pour ce titre si respectable, ni pour l'âge de cette femme, dans son ivresse il la maltretait et l'accablait des propos les plus révoltants, et cela pour les motifs les plus futiles, car une fois entr'autres il eut la cruauté de lui donner des coups de sabot dans les reins, pour une pomme qu'il l'accusait d'avoir mangée. Ce fait résulte de la déposition des témoins entendus dans une affaire dont il sera parlé plus loin. Cette malheureuse était venue plusieurs fois solliciter mon appui contre les mauvais traitements que lui fesait endurer son gendre, ce qui fut cause qu'elle fut renfermée plus étroitement par les siens, et qu'un jour où ces cruautés lui étaient intolérables, elle se prit à crier au secours! à l'assassin! etc.

Aux cris que poussait cette malheureuse

femme, je ne pus m'empêcher de voler à son secours, et au moment où j'entrai dans le domicile du sieur Rouzeau, j'eus le cruel spectacle d'enfants qui battaient à l'envi cette femme octogénaire et sans défense. Irrité à la vue de tant de cruauté, je leur reprochai, en termes assez durs, tout ce qu'avait d'indigne leur conduite envers leur mère, qui à tous égards méritait leurs soins et leurs respects. Enfin je sortis, après avoir arraché cette malheureuse aux coups dont elle était accablée, et, pour assurer davantage la tranquillité, je recommandai au caporal de garde de me prévenir, s'il avait connaissance que ces mauvais traitements se renouvelassent, me réservant en ce cas d'en rendre compte à qui de droit.

Le sieur Rouzeau, à l'instigation de sa femme, et déjà contrarié par l'opposition que je mettais à sa passion pour la boisson, crut devoir me récompenser des soins que j'avais pris de sa famille, en mettant à profit cette occasion. En effet, après avoir mis dans ses intérêts, par des libations fréquentes, quelques hommes de garde, il engagea le caporal de garde, homme très complaisant à ce qu'il paraît, à rédiger contre moi une plainte portant que j'avais violé son domicile et accablé sa femme des injures les plus dégoûtantes. On alla même jusqu'à faire signer cette plainte par des hommes qui n'étaient pas présents. Cette pièce, ainsi dressée, fut présentée par le sieur Rouzeau au colonel de Morlaincourt, qui m'écrivit à cette accasion une lettre aussi déplacée que laconique, la voici:

» Cherbourg, le 12 Juillet 1843.

N° 627.

» Monsieur le Capitaine,

» Vous voudrez bien vous rendre chez moi, « le 14 du courant, à 10 heures du matin, pour » affaire de service.

» Je suis, avec la considération qui vous ap- » partient, M. le Capitaine,

» Le Colonel commandant la Place,

» de MORLAINCOURT.

» A M. le Capitaine Monory, etc. »

Je me rendis néanmoins à un ordre qui m'était donné d'une manière aussi blessante pour moi. Avant que j'eusse eu le temps de m'enquérir du Colonel sur le motif qui m'appelait auprès de lui, il entama la conversation de la manière suivante:

« — Eh bien, Monsieur, vous ne pourrez donc jamais vivre avec personne; j'ai en ce moment une plainte signée de vingt témoins, qui me prouve que vous avez violé le domicile du sieur Rouzeau, et que vous avez accablé sa famille de propos diffamants et de mauvais traitements.» (Cette plainte, ainsi que l'avançait le Colonel n'était pas signée de vingt témoins mais bien de cinq mauvais sujets, ainsi qu'il me l'a été prouvé; d'ailleurs il me semble qu'il aurait dû au moins me faire l'honneur de me donner connaissance du contenu, ce qu'il n'a jamais fait.) Je me récriai d'abord sur l'inculpation de ne pouvoir vivre avec personne, disant qu'il ne me semblait pas que je dusse vivre avec mon portier, moi, commandant de Place; je voulus en outre donner au Colonel des détails sur les faits qui s'étaient passés au Fort-Royal dans les premiers jours de Juillet 1841. Bien que je lui eusse donné ma parole d'honneur, que je lui eusse juré sur ma croix et mes épaulettes que tout ce qui lui avait été rapporté était faux, il ne voulut rien croire. Enfin, exaspéré par la créance qu'il accordait si obstinément à ces calomnies, je m'écriai: Mais, Colonel, ces gens là sont de la canaille. — Monsieur, me répondit-il, ils en disent autant de vous. — Mais, Colonel, je pourrais vous prendre à témoin et les traduire devant les tribunaux — Monsieur, c'est ce qu'ils vont faire, ils sont autant que vous, ils sont égaux devant la loi.— La suite a prouvé que M. de Morlaincourt était bien au courant des machinations que l'on tramait contre moi.

Ainsi il résultait de cet entretien que non seulement il ne voulait en rien ajouter foi à ma parole d'honneur, mais encore qu'il tolérait contre moi une plainte portée collectivement par des soldats, ce qui est sévèrement puni par les réglements. En outre, il m'assimilait à des gens méprisables, en tolérant leurs insultes, puisqu'ils osaient, en sa présence, me traiter de canaille. Enfin il était évident que s'il n'aidait pas ces gens de ses conseils, il approuvait du moins leur conduite, puisqu'il était au fait de leurs desseins.

Voyant que les objections que je lui faisais sous serment n'avaient aucun crédit pour détruire ses préventions, je lui dis que je me fesais fort de lui prouver que le portier-consigne maltraitait sa belle-mère. Il me répondit qu'il ne pouvait y ajouter foi, qu'au surplus, si je pouvais le lui prouver il le ferait renvoyer. De là la lettre que je lui écrivis le 16 juillet 1841, et sa réponse du même jour.

» Fort-Royal, le 16 juillet 1841.

» Mon Colonel,

» Ci-joint une attestation qui vous prouvera
» que le portier-consigne vous a trompé, et
» qu'il vous a induit en erreur en sollicitant un
» certificat de complaisance fabriqué par un
» caporal qui, au dire même de ses chefs, est un
» mauvais sujet; il a même poussé l'impudence
» jusqu'à le faire signer par un homme de
» garde qui n'était pas présent, puisque dans
» le moment il se trouvait en faction dans
» l'intérieur du Fort.

» Si j'osais vous prier, mon Colonel, de faire
» appeler Messieurs les officiers qui se trouvent
» au Fort depuis quatre mois, ils vous prouve-
» raient que je ne mérite point les reproches
» que vous m'avez adressés, reproches qui, vous
» ne devez pas l'ignorer, sont très sensibles,
» surtout lorsque l'on a sa conscience nette. Il
» est bien malheureux pour moi, mon Colonel,
» que non pas vingt, mais quatre ou cinq che-
» napans, soudoyés par un verre d'eau-de-vie,
» m'entraînent à des désagréments semblables;
» je vous supplie donc, avec instance, mon
» Colonel, de faire appeler Messieurs les offi-

» ciers ainsi que toutes les autres personnes » habitant le Fort. Je ne doute pas que vous ne » reconnaissiez la fausse assertion du portier, » et que vous ne me permettiez de lui infliger » alors une sévère punition.

Suivaient des témoignages donnés par les différents habitants du Fort; voir ci-après:

« Nous, officiers et autres employés du Fort-» Royal, certifions que le sieur Rouzeau, portier-» consigne, s'est porté plusieurs fois, ainsi que » sa femme et sa fille, à des violences à l'égard » de leur mère âgée de 86 ans, ce qui a mis » cette vieille femme dans la nécessité de crier » souvent *au secours! à l'assassin! on veut me tuer* » *et m'empoisonner*! Il est en outre prouvé que M. » le Commandant dudit Fort a été prié par les » voisins d'intervenir de son autorité pour se-» secourir cette malheureuse femme.

» En foi de quoi, nous approuvons les écritu-» res ci-dessus. Ont signé:

» CHAPT, » Sous-Lieutenant.

» CHAPUISET, » Lieutenant. »

» Voici ce que j'ai entendu un jour duquel je » ne me rappelle pas la date. J'ai entendu la » grand'mère Rouzeau crier *à la garde! à l'as-* » *sassin!* sur quoi la fille Rouzeau est venue me » chercher, je me transportai sur les lieux. » Elle me dit qu'elle avait manqué d'être em-» poisonnée, qu'on l'empoisonnait depuis dix » mois; ne sachant ce que cela voulait dire, je » fis de mon mieux pour la ramener dans la » bonne voie, attribuant cela à un accès de » folie, sur quoi elle me répondit qu'elle ne

» mangerait plus chez eux, que si les habitants » du Fort ne l'assistaient pas, elle mourrait de » faim.

» Du reste je ne sais ce que cela est devenu » par la suite.

» Signé: Femme BAZIN, cantinière au Fort- » Royal »

» Moi, Joséphine Regnieville, certifie que me » trouvant un jour chez M. Rouzeau, grand' » mère à qui je portais des fraises se plaignit » que son gendre voulait la renfermer dans la » Casemate, n° 17.

» Signé: Joséphine REGNIEVILLE. »

» Moi, femme Vautier, certifie que me trou- » vant sur le pont, j'entendis la belle-mère du » portier crier à l'assassin ! à la garde ! on veut » m'empoisonner! et m'enchaîner, et que M. le » Commandant entra chez M. Rouzeau, pour » secourir cette femme que son gendre et sa » fille battaient d'un commun accord, et leur » fit des reproches sur leur méchanceté.

» Signé: Femme VAUTIER. »

» Moi, femme Michel et mon mari, boulan- » ger au Fort-Royal, certifions que grand' » mère est venue souvent se plaindre à la mai- » son des mauvais traitements que ses enfants » lui faisaient endurer.

» Signé: Femme MICHEL. »

J'ajoutais: Pour plus amples renseignements, je vous prierai, mon Colonel, de prendre des renseignements auprès du docteur du Fort, qui a été appelé plusieurs fois pour donner des soins à la belle-mère du portier, et qui pendant ses visites a pu s'assurer des mauvais traitements que sesenfants lui fesaient subir.

Voici quelle fut la réponse à ma lettre :

« Cherbourg, le 16 juillet 1841.

N° 628.

» Monsieur le Capitaine,

» Je viens de recevoir votre lettre en date de
» ce jour, qui ne détruit nullement à mes yeux
» les mauvais et diffamants propos dont vous
» avez accablé toute la famille de votre portier-
» consigne, pour un fait qui n'a nul rapport avec
» le service militaire. D'un autre côté, qui que
» ce soit ne me persuadera pas qu'un subor-
» donné qui a tout à craindre d'un chef de
» votre caractère, ne s'exposera pas, *sans de*
» *graves motifs*, à réclamer comme il l'a fait
» contre l'abus d'autorité qu'il vous reproche
» d'exercer contre tous les siens. En outre,
» vous m'avez dit à moi-même que, *depuis un*
» *an environ, vous cherchiez tous les moyens en*
» *votre pouvoir, pour vous débarrasser d'un*
» *fonctionnaire militaire* qui exerce son emploi
» au Fort-Royal par ordre de M. le Ministre de
» la guerre, d'où il ne sortira que par un nou-
» vel ordre de lui seul.

» Une raison motivée qui me fait encore dou-
» ter des mauvais traitements que vous repro-
» chez à la famille *Rouzeau* d'exercer contre
» leur vieille mère, c'est que je tiens de vous-

» même que cette pauvre femme est en enfance,
» et par conséquent ne sait ce qu'elle dit ni
» fait. Quoi qu'il en soit, je vous engage, dans
» votre *intérêt seul*, à ne pas pousser plus loin
» votre animosité contre la famille *Rouzeau* et
» à vous borner à n'avoir d'autres rapports avec
» son chef que ceux qu'exige son service.

» Si vous vous apercevez de tentatives d'un
» délit ou d'un crime envers la vieille mère,
» votre devoir est d'en informer officiellement,
» sur-le-champ, M. le Procureur du Roi à
» Cherbourg, dont la juridiction s'étend sur tout
» le personnel non militaire habitant le Fort-
» Royal. Si la tentative de crime vient du portier-
» consigne lui-même, votre devoir est de le
» faire arrêter provisoirement et de porter une
» plainte régulière contre lui, que je m'empres-
» serai de transmettre, par l'entremise de qui
» de droit, à M. le Lieutenant-Général comman-
» dant la division.

» Je termine en vous prévenant que mon
» devoir, à moi, est d'empêcher l'oppression du
» subordonné par le supérieur, dans l'étendue
» de mon commandement, et je saurai le rem-
» plir, ce devoir.

» Je vous *défends* de punir *Rouzeau*, à cause
» de la réclamation qu'il m'a fait parvenir.

» Je suis, etc.

» de MORLAINCOURT. »

Il est facile de voir, d'après la réponse du Colonel de Morlaincourt, combien était forte la protection qu'il accordait au sieur Rouzeau; malgré les preuves les plus positives, non seulement il refuse d'ajouter foi à ma parole d'honneur, mais encore il récuse formellement le témoignage des habitants, et met même en doute la parole d'officiers d'honneur qui commandaient le détachement en disant : « Qui que ce soit ne me dépersuadera. » Sa conviction était donc bien forte pour lui faire mépriser tant de témoignages. Toute cette lettre respire la haine qu'il avait pour moi; il n'en est pas une ligne où il ne veuille m'accabler et présenter ma conduite sous un faux jour; il prétend que j'ai voulu le changement du portier-consigne; ce qui précède prouve combien cette accusation est fausse. Plus loin, il revient sur la parole qu'il m'avait donnée le 14 juillet 1841, de faire changer le sieur Rouzeau s'il était convaincu des mauvais traitements qu'il exerçait envers sa belle-mère, en me disant ; « Ce fonctionnaire exerce son emploi au Fort-» Royal par ordre de M. le Maréchal Ministre » de la Guerre, d'où il ne sortira que par un nou-» vel ordre de lui seul. » Ensuite M. le Colonel semble s'appuyer sur le prétendu état d'enfance où se trouvait la belle-mère du portier-consigne pour récuser la possibilité des mauvais traitements de la part de ses enfants. Jamais cette femme n'a été en enfance, même jusqu'à sa dernière heure, et c'était un motif de plus, en supposant que cela fût, pour exiger les attentions et les soins de ses enfants, et les témoignages que j'avais donnés méritaient, je crois, créance à plus d'un titre.

Le Colonel m'engage « à ne pas pousser plus » loin mon animosité envers la famille Rouzeau ; » et à me borner à n'avoir d'autres rapports avec

» lui que ceux qu'exige le service. » Quelle est donc l'animosité que j'ai témoignée à la famille Rouzeau? Est-ce en secourant ces malheureux au moment de leur arrivée au Fort-Royal, en leur donnant les moyens de remplacer leurs haillons par de bons vêtements, en les protégeant de toutes mes forces, de toute mon autorité contre la brutale ivresse du sieur Rouzeau, enfin en portant secours à une malheureuse octogénaire indignement traitée par des enfants ingrats? Sont-ce là, je le demande, des preuves de cette animosité que me reproche M. de Morlaincourt?

Il me semble que s'il y a eu dans cette occasion, comme par la suite, de l'animosité, c'est de lui à mon égard. Les rapports que j'ai été forcé d'avoir avec M. le Colonel ne sont-ils pas exigés par le service; n'est-ce pas lui-même qui les a provoqués, en me demandant de lui prouver l'indigne conduite du sieur Rouzeau? Il termine, en me présentant avec une orgueilleuse emphase que « son devoir, à lui, est d'empêcher l'op-« pression du subordonné par le supérieur, » comme s'il ne me sacrifiait pas, ainsi qu'il le fit plus tard continuellement, à un inférieur qui ne se recommandait à aucun titre honorable, et contre lequel toutes les charges venaient s'accumuler.

Dans son dernier paragraphe, il montre au grand jour qu'il a pris exclusivement le portier-consigne sous sa protection, que qui que ce soit n'a le droit de se plaindre de lui, qu'il le reconnaît comme victime de mon *animosité*. Ainsi sa réclamation était parfaitement fondée;

je n'étais alors qu'un imposteur, moi qui me plaignais de ce sous-employé, et par la même raison, les habitants du fort, et même les officiers de la garnison étaient, eux aussi, des calomniateurs et des fourbes, puisqu'ils avaient été assez téméraires pour condamner la conduite du portier. Aussi, pour donner plus de poids à tout ce qu'il disait dans sa lettre, il me *défend* de punir Rouzeau.

J'ai avancé plus haut que M. le Colonel de Morlaincourt était parfaitement au courant des projets du sieur Rouzeau. Chacun peut apprécier maintenant la vérité de ce que j'ai dit. Il n'y a qu'à se rappeler ce que me disait le Colonel dans son entretien du 14 juillet 1841; lorsque je lui disais que : « Je pourrais bien le prendre à » témoin et traduire le sieur Rouzeau devant les » tribunaux, » il me répondit immédiatement que : « c'était ce qu'ils allaient faire, etc. etc. » Ce qui suit justifie ses paroles.

Huit jours environ après l'entretien du 14 juillet, un huissier se présenta chez moi pour m'assigner, comme répondant de mon épouse, à comparaître devant M le Juge de Paix de Cherbourg, attendu qu'elle était accusée par la fille du sieur Rouzeau, portier-consigne au Fort-Royal, d'avoir tenu sur son compte les propos les plus déplacés, propos que la fille la plus éhontée rougirait de tenir, et qui ne pouvaient sortir que d'une caserne ou d'un lieu de prostitution.

Voilà donc bien cette inculpation devant les tribunaux, que m'avait annoncé M. le Commandant de la Place. Mais ce qui prouve combien étaient faux les rapports qui avaient trouvé tant de créance auprès de lui, c'est que dès lors, ce n'était plus moi qui avais outragé la famille Rouzeau, ce n'était plus contre moi que devait être dressée cette dénonciation dont le Colonel s'armait avec tant de force pour servir sa haine; M. le Colonel avait sans doute vu dans cette plainte, s'il y était donné suite, une arme qui se tournerait contre son auteur principal. Aussi l'abandonna-t-il. Une nouvelle trame fut ourdie.

Le sieur Rouzeau ne pouvant, en raison des lois militaires, m'attaquer comme étant son chef, eut la bassesse de se couvrir du nom de sa fille et la mit en avant pour aider à ses projets infâmes; il porta même l'impudence jusqu'à vouloir jeter l'opprobre sur mon épouse, et certes, il fallait que ce portier se sentît bien fort de la protection qui lui était accordée, pour oser appeler ma femme devant la justice. Mais si la conduite de cet homme fut méprisable et indigne de celle qu'on doit attendre d'un militaire, tout le blâme doit retomber sur ce chef, qui, je pense, par un seul mot, aurait pu faire cesser ces odieuses menées, et qui souffrit qu'on mît mon épouse, dont la famille fut de tout temps honorée et respectée, en parallèle avec une fille qui venait la calomnier et lui prêter des paroles qu'elle seule, cette fille, avait pu entendre au milieu des soldats où elle a toujours vécu.

Ce fut le 24 juillet que je comparus devant M. le Juge de Paix de Cherbourg : les faits argués contre mon épouse étaient tellement ridicules et dénués de tout sens, les dépositions des témoins furent si diverses, que M le Juge de Paix ne tarda pas à en reconnaître la fausseté, et condamna la fille Rouzeau aux frais et dépens.

En effet, comment ne pas être immédiatement convaincu de la manière indigne dont avait été ourdie cette accusation ! je le laisse à juger :

Mon épouse serait sortie de chez elle, et devant un poste de soldats, aurait, en montrant la fille Rouzeau, tenu sur son compte des propos qui, je le répète, ne peuvent être prononcés que par une fille des rues. Et ce serait en s'adressant ainsi à des soldats qu'elle se serait sali la bouche! N'est-il pas évident que ces paroles étaient de l'invention des soldats? En outre, de l'aveu même de la fille Rouzeau aux débats, il résultait qu'elle n'avait pas entendu mon épouse tenir ces propos, mais qu'ils lui avaient été rapportés par les hommes de garde. Les personnes qui ont vu le Fort-Royal sont toutes à même de juger si du poste qui est à dix pas *au plus* du domicile du portier, sa fille n'aurait pas pu entendre mon épouse tenir les propos qu'elle lui prête, surtout, ainsi qu'il l'a été dit, cette fille étant devant son domicile *pour faire rentrer sa grand'mère qui était sortie, voulant, disait-elle, se rendre à Cherbourg, pour se plaindre à la justice*. De plus, tout en faisant peser sur mon épouse le fardeau de l'accusation, les témoins prétendaient que j'avais appelé la femme Rouzeau de noms aussi vils que les premiers: mais, ajoutaient-ils, c'était *à la sortie du Capitaine de chez M. Rouzeau où l'on avait entendu un bruit extraordinaire et d'où l'on avait entendu des plaintes et des cris*;

jetés par la vieille mère. Voilà bien ces mauvais traitements dont j'ai parlé caractérisés par les témoins eux-mêmes.

Je ne veux point m'étendre davantage sur les détails de ce procès dont on reconnaît facilement l'invraisemblance; je tenais seulement à en faire ressortir les accusations dénuées de sens qui furent portées contre moi et mon épouse, et à donner la preuve des mauvais traitements de la famille Rouzeau envers une femme octogénaire, parce que c'est un éclaircissement pour les lettres dont je vais parler. Du reste les lettres postérieures donneront tous les détails nécessaires.

Ayant des preuves plus que suffisantes pour convaincre M. de Morlaincourt de la fausseté de la plainte portée contre moi, je lui écrivis la lettre suivante où je demande le renvoi de la fille Rouzeau, pour mettre fin à l'insolence toujours croissante de son père.

« Fort-Royal, le 13 septembre 1841.

» Mon Colonel,

» Vous n'ignorez pas, je pense, les désagréments que m'ont occasionné les rapports mensongers du portier-consigne Rouzeau et de sa famille; il est bien pénible pour un officier d'honneur, qui ne fait que son devoir, d'être appelé devant la justice par des gens aussi méprisables. Heureusement que je pouvais mettre au jour toute la noirceur de leur âme, et prouver que leur accusation n'était que

» mensonges, et que je n'avais été que trop bon
» pour de telles gens. Aussi la justice n'a pas été
» long-temps à reconnaître que la plainte qu'ils
» avaient portée contre moi avait été arrangée
» avec des verres d'eau-de-vie: en effet, elle a été
» rédigée par un mauvais sujet à l'instigation
» de son caporal, un ivrogne, (et ce que
» j'avance sur le moral de ces deux individus,
» je pourrais le prouver par un écrit que j'ai
» entre les mains, signé par le lieutenant de la
» compagnie, écrit qui a paru aux débats); ils
» ont fait signer cette pièce par les autre hom-
» mes de garde, et il est à remarquer que de-
» vant la justice où ont comparu les six témoins
» de la fille Rouzeau, trois d'entr'eux ont dé-
» claré ne savoir signer, et il est prouvé que
» c'est le caporal et le chasseur qui ont rédigé
» la plainte, qui ont signé pour ces trois indi-
» vidus; qui plus est, l'un des témoins a déclaré
» n'avoir pas entendu ma dame prononcer les
» propos dont la fille Rouzeau l'a accusée, et
» qu'il tenait ce qu'il savait de ses camarades;
» un autre a avoué que des cris au secours,
» poussés plusieurs fois ce jour-là par la mère
» du portier, m'avaient attiré de chez moi, et
» m'avaient fait monter chez ce dernier. En
» outre, neuf témoins à décharge ont comparu
» contre eux, et la fille Rouzeau n'a nié aucun
» des faits qui ont été imputés tant à elle
» qu'à sa famille; et des six témoins qu'ils
» avaient à charge contre nous, aucun, ni la
» fille Rouzeau elle-même, n'a parlé des
» mauvais traitements que je faisais endurer à
» cette famille, et dont les époux Rouzeau vous

» avaient entretenu. C'était bien là le moment » cependant de déblatérer contre moi: pourquoi » s'en sont-ils tenus à accuser ma dame de » propos que de leur aveu ils n'avaient pas » même entendus? c'est que, mon Colonel, » tout ce qu'ils avaient déposé chez vous n'était » que mensonges et fausseté. Enfin le portier » s'est conduit dans cette affaire d'une manière » indigne d'un militaire en mettant sa fille en » avant pour servir ses projets calomniateurs, » prétendant qu'elle était majeure et libre de » ses actions. J'insisterai beaucoup auprès de » vous, mon Colonel, pour que vous ne mettiez » pas d'obstacle à ce que je renvoie du Fort cette » fille: car depuis le commencement du procès, » ils ont tous un air plus qu'insolent; ils me toi- » sent de la tête aux pieds en ricanant ironi- » quement.

» Si vous n'y mettiez pas d'empêchement, et » comme le réglement ne prescrit pas que le » portier doit accompagner les visiteurs, je me » propose de retirer au Sr Rouzeau cette fonction » et de la donner au chef de poste, car, malgré » ma défense, et je ne sais si c'est par mépris » pour mes ordres, il détaille aux visiteurs la » force de la garnison, le nombre de poudres, » de projectiles, de bouches à feu que nous » possédons, et les poursuit jusqu'au bout » de la rampe, de telle sorte que sans qu'il » tende la main, les personnes voient bien ce » qu'il demande, et lui donnent ce qu'il ap- » pelle *la pièce* (que jamais il ne refuse). Chaque » fois que le portier est absent ou puni, je donne » l'ordre au chef du poste, qui alors accompa-

» gne les visiteurs, de ne rien recevoir, car il est
» honteux que des personnes qui viennent avec
» une permission signée de M. le Comman-
» dant de la place soient obligées de payer ici
» cette même permission.

» Je pourrais encore attribuer l'insoumission
» du portier à son ivrognerie, car toujours il
» est entre deux vins: l'autre jour je l'entendais
» dire de chez moi: Oh le Commandant, je me
» f... de lui, je l'emm. de; et il m'a de plus été
» rapporté que sa femme avait dit, à l'occasion
» de la punition que je vous avais demandé
» pour lui, lors du faux rapport qui est cause
» du procès. : Ah oui, le Commandant avait de-
» mandé une punition pour Rouzeau, mais on a
» su l'en empêcher, nous nous moquons de lui,
» nous sommes bien soutenus. (On peut juger
parce qui précède que c'était avec raison que la
femme Rouzeau s'exprimait ainsi.) » Vous m'a-
» vez dit, mon Colonel, que si je vous prouvais
» que le portier battait sa mère vous le feriez
» renvoyer. Les débats ont donné, je crois, des
» preuves plus que suffisantes de la cruauté de
» cette famille à l'égard de leur vieille mère,
» et je compte que vous serez assez juste, mon Co-
» lonel, pour me débarrasser des uns et des autres;
» que si vous ne vouliez pas demander le chan-
» gement du portier, je vous prierais du moins
» de me permettre de chasser sa fille du Fort;
» en le fesant, peut-être imposerez-vous silence
» au mépris que cette famille montre pour moi.

» J'ai l'honneur etc.,

» **MONORY.** »

» A M. de Morlaincourt, etc.

Le lendemain, je reçus une lettre ainsi conçue :

« Cherbourg, le 14 septembre 1841.

N° 633.

» Monsieur le Capitaine,

» J'ai reçu votre longue lettre en date du 13 » courant; je ne puis, ni ne veux me mêler » en rien, Monsieur, de vos débats judiciaires » avec une femme. Ces sortes de choses sont » complètement en dehors de mes attributions; » du moment où la justice vous a donné gain de » cause contre votre adversaire, il n'appartient » ni à vous ni à moi d'augmenter la peine à la- » quelle elle a été légalement condamnée, en » l'expulsant du Fort-Royal où elle a le droit » d'habiter chez son père et sa mère; vous vou- » drez bien ne donner aucune suite à ce projet.

» Par votre rapport du 12 de ce mois, je re- » marque que vous avez puni *à tort* de *huit* » jours de salle de police votre portier-consigne, » pour avoir bu avec un sous-officier; il n'existe » pas de réglement militaire qui défende à un » sous-officier de boire avec son égal; vous le- » verez donc *immédiatement* cette punition et » vous m'en rendrez compte.

» Quant au sergent et au caporal de garde, » ces deux militaires sont coupables d'avoir » abandonné leur poste pour aller à la cantine, » la punition que vous leur avez infligée est mé- » ritée.

» Je crois devoir vous prévenir que lors de

» la prochaine arrivée dans cette place de M. » le Général commandant le département, mon » intention formelle est de lui faire un rapport » sur vos démêlés avec le portier-consigne du » Fort-Royal.

« Je suis, etc.

» de MORLAINCOURT.

» A M. le capitaine Monory, etc.»

Monsieur de Morlaincourt prétend ne vouloir en rien se mêler de mes débats judiciaires; pourquoi alors les a-t-il autorisés, et pourquoi ne répond-il pas directement sur le compte du portier-consigne? Il reconnaissait donc la cruauté du sieur Rouzeau à l'égard de sa belle-mère? enfin il m'ordonne de lever *immédiatement* la punition du sieur Rouzeau, disant qu'il n'y a pas de réglement qui défende à un sous-officier de boire avec ses égaux: ceci est vrai, mais ce qui ne me semble pas vraisemblable, c'est qu'il soit permis au sieur Rouzeau d'entraîner le sergent et le caporal de garde boire à la cantine, et par cela même leur faire abandonner le poste. Aussi était-ce pour cette grave faute que j'avais infligé *huit jours* de salle de police au portier-consigne. Il me semble que cette punition n'était pas exhorbitante. Cependant M. de Morlaincourt qui tenait probablement à me montrer ouvertement qu'il accordait sa protection pleine et entière à ce portier-consigne, me défend expressément de le punir. C'était déjà la deuxième fois qu'il soutenait l'insubordination du sieur Rouzeau contre moi. Quelle autorité dès-lors voulait-il que je pusse avoir dans le fort, puisqu'il me contraignait de me courber devant la volonté d'un fonctionnaire aussi méprisable?

Je ne pus, cependant, pour ces motifs, m'empêcher d'écrire de nouveau à M. de Morlaincourt.

« Fort-Royal, le 15 septembre 1841.

» Mon colonel,

» J'ai reçu votre lettre en date du 14 de ce
» mois, je me serai sans doute mal expliqué
» au sujet de la punition du portier-consigne:
» je sais bien que le réglement ne défend pas à
» un sous-officier de boire avec son égal, aussi
» ce n'est pas pour cela que j'ai infligé *huit* jours
» de salle de police au portier, mais bien pour
» avoir entraîné le sergent et le caporal à boire
» étant de garde; du reste, il sait bien que dé-
» fense lui en a été faite plusieurs fois par *moi* et
» le capitaine de la compagnie, parce qu'il en-
» tretient les hommes dans un esprit d'insubor-
» dination. Du reste, en lui infligeant sa punition
» je lui en ai dit le motif, et lui ai fait sentir
» que j'étais obligé de le punir, parce qu'il
» méprisait les ordres que je lui donnais. Je
» pense, mon Colonel, que vous serez assez juste
» pour maintenir la punition du portier; s'il en
» est autrement, j'attends vos ordres pour les
» exécuter.

» Au sujet du rapport que vous êtes dans l'in-
» tention de faire au Général commandant le

» département sur mes démêlés avec le portier
» du fort, il est étonnant que vous vouliez bien
» vous en mêler pour me faire arriver des dé-
» sagréments en soutenant un ivrogne, un insu-
» bordonné qui ne cesse de vous induire en
» erreur par ses faux rapports, et que vous ne
» vouliez pas vous mêler de rendre justice à un
» Officier d'honneur dont le seul crime est de
» faire son devoir. J'attends, mon Colonel, le
» Général en toute confiance, car je ne doute
» pas qu'il ne voie dans les punitions peu nom-
» breuses que j'ai infligées au portier, aucune
» qui soit arbitraire.

Ci-joint, une lettre que je vous prie de faire parvenir à M. le Maréchal de Camp, commandant le département.

» J'ai l'honneur, etc.

» MONORY.

« Mon Général,

» Des affaires d'intérêt m'appelant à Paris,
» je vous prie de vouloir bien m'accorder une
» permission de quinze jours. En le fesant, vous
» obligerez

» Votre tout dévoué, etc.

» MONORY.

» A Monsieur de la Maisonfort, commandant
» le département, à St-Lo.

» Fort-Royal, 15 septembre 1841. »

On voit que je joignais à la lettre adressée à M. de Morlaincourt une demande de permission de 15 jours pour Paris. Ma lettre, je crois, justifiait assez la punition que j'avais infligée au portier-consigne, et l'avant-dernier paragraphe montrait au Colonel combien j'étais fort de ma conscience, et combien peu je redoutais de mettre ma conduite au jour en présence du Général, désireux que j'étais de pouvoir faire connaître la manière dont le Colonel avilissait mon commandement. La réponse que je reçus n'était ni moins dure, ni moins insultante que les précédentes, on peut en juger :

« Cherbourg, le 15 septembre 1841.

N° 639.

» Monsieur le Capitaine,

» Vous avez méconnu votre devoir, en vous
» abstenant d'obéir *de suite* à l'ordre que vous
» avez reçu hier de moi, celui de mettre en
» liberté le portier-consigne du Fort-Royal,
» quitte à réclamer s'il y avait lieu. Je veux
» bien, pour cette première fois, ne pas sévir
» contre vous, mais je vous engage, pour l'avenir,
» à ne pas oublier que l'obligation la plus im-
» périeuse pour un militaire est l'obéissance
» immédiate envers son supérieur.

» Si le sieur Rouzeau a en effet engagé le
» sergent de garde à quitter son poste pour aller
» boire, il a eu tort, mais le plus grand tort
» est du côté de ce sous-officier, qui ne devait
» pas l'écouter : en conséquence, vous main-
» tiendrez sa punition et mettrez en liberté, *au*
» *reçu de cette lettre*, le portier-consigne, sa faute

» ayant été assez punie par *quatre* jours de
» salle de police.

» J'excuse le second paragraphe de votre
» lettre, parce que je crois que vous ne connais-
» sez pas la valeur des termes dont vous vous
» servez.

» Je vous retourne votre demande de permis-
» sion, *mon intention étant de ne pas y donner*
» *suite.*

» Je suis, etc.

» de **MORLAINCOURT.**

» A M. le Capitaine Monory, etc.

» P. S. Par votre rapport de demain, vous me
» rendrez compte de l'exécution de l'ordre con-
» tenu dans cette lettre, et vous vous abstien-
» drez de nouvelles réclamations relatives à
» cette affaire. »

On voit combien ses ordres sont impérieux, combien il a hâte de voir le portier-consigne libre de la salle de police. Il m'ordonne de mettre, *au reçu de sa lettre*, le sieur Rouzeau en liberté; 4 jours, dit-il, sont assez. J'avais donc abusé de mon autorité, j'avais outrepassé mes droits en infligeant *huit jours* de salle de police pour une faute que les réglements regardent comme des plus graves; et cependant il maintient la punition du sergent, qui, s'il n'avait pas été détourné par le sieur Rouzeau, n'aurait pas abandonné son poste. Enfin, avec quelle suffisance injurieuse excuse-t-il ces paroles dont, dit-il, je ne connais pas la portée, comme si elles n'étaient pas l'expression des vexations que je supportais depuis long-temps; comme si elles n'étaient pas véridiques; et pour terminer cette lettre aussi bien qu'il l'avait commencée, il me retourne la permission que j'avais demandée. C'est que M. le Colonel n'ignorait pas que la coupe des déboires dont il m'abreuvait journellement débordait, et qu'il m'était impossible de l'épuiser. Il pressentait bien que le voyage que je désirais faire n'était que pour me disculper aux yeux de supérieurs près desquels j'étais calomnié, et pour leur faire connaître mes souffrances.

Voyant par le refus qui m'avait été fait d'obtenir une permission, que les charges s'accumulaient contre moi sans que je pusse m'en disculper, je me déterminai à adresser, à M. le Lieutenant-Général commandant la division, la lettre suivante, où je lui faisais connaître la position où je me trouvais en ce moment, réclamant sa protection et son intervention pour mettre un terme à l'oppression dont on m'accablait :

« A M. le Lieutenant-Général Teste, Pair de » France, commandant la 14e division militaire, » à Rouen.

» Fort-Royal, le 3 octobre 1842.

» Mon Général,

» La bonté avec laquelle vous m'avez reçu,

» lors de mon passage à Eu, fait que je prends
» la liberté de vous écrire pour vous prier de
» prendre en considération ma position, qui
» n'est nullement endurable à l'égard de mon
» portier. M. le général Meslin vous aura sans
» doute mis au courant de tous les tracas que
» j'ai eus à souffrir depuis un an, et cela pour
» avoir voulu empêcher le sieur Rouzeau, por-
» tier-consigne au Fort-Royal, ainsi que sa
» femme et sa fille, de maltraiter leur pauvre
» mère, âgée de 81 ans.

» Un jour une de ces scènes, résultat de l'i-
» vresse du sieur Rouzeau, s'étant renouvelée,
» je fus obligé d'interposer mon autorité. C'est
» alors que le portier dressa une plainte contre
» moi et la fit signer par cinq soldats, disant
» que j'avais violé son domicile, et l'avais in-
» sulté lui et sa famille. Cette plainte fut portée
» à M. le Colonel de Morlaincourt, qui sur le
» champ me fit appeler: il me reprocha de vivre
» sans cesse en mauvaise intelligence avec mon
» portier, que je l'avais maltraité, et qu'il avait
» entre les mains une pièce signée de vingt
» personnes (sans me la montrer,) mais cette
» pièce, loin d'être signée par vingt personnes,
» ne l'était que par cinq soldats gagnés par le
» portier; à quoi je répondis à M. le Colonel
» que je n'avais fait que mon devoir en secou-
» rant cette malheureuse femme qui criait au
» secours, à l'assassin, je veux aller me plain-
» dre à la justice! J'ajoutai que le portier
» et sa famille n'étaient que de la canaille;
» mais, me répondit M. de Morlaincourt, ils

» en disent autant de vous, alors je lui dis que » je pourrais bien le prendre à témoin et les » traduire devant les tribunaux; c'est ce qu'ils » vont faire à votre égard, me répondit le Co- » lonel. Après lui avoir donné ma parole d'hon- » neur que tout ce qui lui avait été dit n'était » que mensonge, ce à quoi il ne voulut point se » rendre, il finit par me dire que si je pou- » vais lui prouver que le portier battait sa mère » il le ferait renvoyer. Je lui envoyai les dépo- » sitions des habitants du Fort, qui plus tard pa- » rurent dans le procès, ainsi que celles de MM. » les Officiers et du Docteur, le priant instam- » ment de faire appeler ces messieurs, et qu'il » pourrait ainsi se convaincre de la vérité. Il » me répondit à cette lettre, (et j'ai sa réponse » entre les mains ainsi que toute ma correspon- » dance) que rien ne pourrait le dépersuader » que j'eusse tort, et cependant, M. le Colonel » de Morlaincourt avait déjà eu une preuve du » peu de foi du portier par une première dénon- » ciation que celui-ci lui avait adressée à Paris, » il y a deux ans, prétendant que j'avais écrit à » M. le Général Meslin pour le faire renvoyer.

» Quinze jours après, ainsi que me l'avait » prédit M. le Colonel de Morlaincourt, je fus » en effet cité devant M. le Juge de Paix de » Cherbourg. Ces Messieurs virent aisément » que c'était une affaire d'eau-de-vie, attendu » que les témoins du portier se contredisaient » et comprenaient peu les questions qu'on leur » adressait, et que tous les habitants et MM. les » Officiers déclaraient qu'il maltraitait sa mère.

» Je fus assez heureux pour que la justice du
» tribunal m'acquittât.

Je ne détaillais pas ici tout le procès, il me suffisait d'analyser mes griefs contre M. de Morlaincourt.

» Se voyant condamnés, et poussés probable-
» ment par quelqu'un, ils rappelèrent deux
» mois après, et je fus obligé d'aller m'asseoir
» une seconde fois sur les bancs de la justice.
» M. de Morlaicourt n'avait, comme il eût pu
» le faire la première fois, qu'à dire un mot
» pour mettre le portier à la raison, il n'en fit
» rien ... Cette fois encore il fut reconnu que je
» n'avais pas insulté le portier, encore moins
» violé sa demeure, et je ne fus pas condamné
» à payer les *deux cents francs* de dommages
» et intérêts qu'il me demandait.

Je n'ai point parlé plus haut de cette seconde procédure, pensant que ces quelques mots suffiraient. Cependant je dois ajouter ici que je ne voulais pas lever le jugement ainsi que j'aurais pu le faire; s'il a été signifié au sieur Rouzeau, c'est par erreur et sans mon consentement. Je tenais trop à ne plus avoir affaire en rien à un homme de cette espèce.

» Après ce procès, j'écrivis de nouveau à M.
» de Morlaincourt et lui mis ma position sous
» les yeux, lui disant que désormais je n'étais
» plus rien dans le Fort, s'il ne me délivrait de ce
» portier, et que depuis le procès, lui et sa fa-
» mille me regardaient avec des airs méprisants,
» en haussant les épaules, et en me disant: oh!

» le Commandant je m'en f..., nous sommes » bien soutenus, etc. Mais cette lettre ne pro- » duisit pas plus d'effet que les premières. Au » contraire, il me menaça d'en référer à M. le » Général, de me faire délivrer un retrait d'em- » ploi, et qu'à l'avenir il ne voulait plus rien » entendre à ce sujet. Depuis cette époque, » l'orgueil et l'insolence de cette famille étaient » poussés au plus haut degré, à tel point qu'ils » disaient et disent encore: *le Commandant ne* » *s'attend pas à la soupe qu'on lui trempe. Il en* » *est qui commandent, mais qui ne commande-* » *ront pas long-temps.*

Je ferai remarquer à ce sujet que si je relevais ces divers propos, ce n'était pas que j'y attachasse une grande importance, mais ils prouvaient que ceux qui les tenaient étaient parfaitement renseignés par des personnes bien au courant des calomnies qu'on lançait contre moi, puisque ce fut en effet peu de temps après que je reçus mon changement, pour ne pas dire ma destitution.

» Pour tout ce que je prends la liberté de » vous dire dans cette lettre, mon Général, je » vous donne ma parole d'honneur que c'est » l'exacte vérité. Du reste, vous êtes à même, » mon Général, de vous convaincre par vous- » même si mon caractère est tel que je ne puisse » sympathiser avec personne : le 1er léger est » resté pendant trois ans à Cherbourg, pendant » ce temps, presque tous les Officiers sont venus » en garnison au Fort-Royal, je suis certain » d'avoir l'estime de tous, depuis M. le Colonel » Sauvan, jusqu'aux Sous-Lieutenants.

Le 1er léger, au moment où j'écrivais cette lettre, était à Rouen, et je désirais que M. le Lieutenant-Général Teste prît des renseignements auprès des Officiers de ce régiment, afin de se convaincre par lui-même à quel point étaient fausses les calomnies dont j'étais l'objet.

» Je vous avoue, mon Général, que pour con-
» server ma position, et j'en ai besoin pour
» soutenir ma famille, je me suis mis en dehors
» de toute espèce de chose, tellement M. de
» Morlaincourt a paralysé mon autorité.

» Je vous demande mille pardons, mon Géné-
» ral, de vous ennuyer d'une si longue lettre;
» j'ai voulu vous mettre seulement *un peu* au
» courant des tracas que j'ai subis et qui se
» renouvellent chaque jour; probablement que
» M. de Morlaincourt ne vous en aura pas donné
» connaissance.

» Voici le moment d'une nouvelle inspec-
» tion, je crains que M. de Morlaincourt ne me
» donne encore de mauvaises notes, bien que
» cependant je ne sache comment il pourrait
» les motiver, attendu que depuis six ans, je
» n'ai pas eu *un jour* de punition infligé par lui.

» Je compte, mon Général, sur votre justice,
» pour mettre un terme à ma position en faisant
» changer le sieur Rouzeau.

» J'ai l'honneur, etc.

» MONORY. »

Je ne sais si cette lettre, où je retraçais simplement ma pénible position, trouva quelque indulgence auprès de M. le Lieutenant-Général, toujours est-il que depuis je ne fus plus mis sans cesse, par M. de Morlaincourt, en parallèle avec le sieur Rouzeau.

Mais là ne devaient pas s'arrêter mes tourments. M. de Morlaincourt avait usé l'un après l'autre tous les fils qu'il avait tendus à l'aide du portier-consigne. Il lui fallut un autre personnage, et celui qu'il choisit n'était pas plus honorable que le premier. Ce fut la dame veuve Bazin, cantinière au Fort-Royal, qui dès lors vint se poser pour me disputer le commandement du Fort et dicter ses ordres.

Quelques mots seront ici nécessaires pour éclaircir ce qui va suivre.

La dame veuve Bazin, aujourd'hui cantinière au Fort-Royal, à la mort de son mari, vint se recommander à moi, me suppliant d'intercéder pour qu'on lui laissât la cantine du Fort-Royal (les réglements interdisent ces fonctions aux femmes dans les places fortes,) et j'obtins pour cette femme ce qu'elle désirait. Je fis plus, je me rendis caution pour la somme qu'elle devait verser au gouvernement, etc.

Cette femme ayant sans doute appris par le sieur Rouzeau que je n'étais plus rien dans le Fort, que lui agissait à son gré et méprisait mes ordres, crut devoir suivre ses conseils et mépriser aussi les réglements. Je fus informé que plusieur fois, sans me prévenir, des tonneaux avaient été introduits dans la place par des bateaux étrangers au service. Comme j'étais responsable de tout ce qui entrait au fort et s'en débarquait, et sachant par expérience que je devais m'abstenir de donner des ordres tout-à-fait illusoires, je fis comprendre à la femme Bazin qu'il lui faudrait à l'avenir l'autorisation de M. le Commandant de Place pour faire apporter des marchandises par des bateaux étrangers au service, parce qu'alors je serais à couvert, quoi que ce soit qu'elle introduisît dans le Fort. Probablement que cete femme trouva ma demande vexatoire. Elle fut porter plainte à M. de Morlaincourt, qui, sans me demander aucun renseignement à ce sujet, m'adressa de suite cettre lettre :

« Cherbourg, le 2 novembre 1842.

N° 1754.

» Monsieur le Commandant,

» La dame veuve Bazin, cantinière au Fort-» Royal, m'ayant fait connaître que vous l'avez » prévenue qu'elle ne pourrait désormais faire » apporter au Fort, sans mon autorisation » écrite, aucunes boissons ou denrées, je crois » devoir vous rappeler que cette formalité n'a » jamais été exigée, et comme je ne vois point » de nécessité à modifier la marche suivie jus-» qu'à ce jour, je vous invite à n'y rien changer.

» Recevez, etc.

» de MORLAINCOURT.

» A M. le Capitaine Monory, etc. »

Voici quelle fut ma réponse:

« Fort-Royal, le 4 novembre 1842.

» Mon Colonel,

» D'après le contenu de votre lettre du 2, » j'ai l'honneur de vous dire que la veuve Bazin » vous a induit en erreur par ses faux rapports, » et ne vous a fait que des mensonges en vous » disant que j'avais défendu qu'on lui apportât » aucunes denrées ou autres marchandises; » voici ce qui s'est passé: dernièrement je fus » fort étonné de voir rouler un tonneau dans la » cour du Fort; ce tonneau avait été apporté par » un bateau de Cherbourg, et débarqué sans que » j'en sois prévenu. Je fis appeler la veuve » Bazin et lui dis: Madame, lorsque vous vous » servirez d'un bateau étranger au service du » Fort, je vous engage à demander une permission » écrite à M. le Colonel de Morlaincourt, com- » mandant la Place de Cherbourg; elle m'a » répondu qu'elle ne s'était servi d'un bateau » étranger que parce que les matelots du Fort » lui avaient refusé de lui rien apporter. Je me » suis convaincu du contraire en faisant appeler » les marins. Je ne crois pas, mon Colonel, » avoir outrepassé mes droits, encore moins » changé rien à la marche suivie jusqu'à » ce jour; la veuve Bazin, par sa manière » d'agir, m'a mis dans la nécessité de punir » le chef de poste de deux jours de salle » de police; ce S.-Officier méritait huit jours de » prison pour n'avoir pas suivi la consigne af-

» fichée dans le poste depuis que le Fort est
» occupé; elle dit: Le chef du poste ne laissera
» aborder aucune embarcation, ni débarquer
» aucune marchandise sans l'autorisation du
» Commandant du Fort ou du Commandant de
» la Place de Cherbourg, et devra veiller à ce
» qu'il ne s'introduise aucune marchandise de
» contrebande.

La cantinière était alors doublement en contravention à cette consigne qu'elle connaissait parfaitement, car non seulement elle n'avait pas de permis du Commandant de la place de Cherbourg, mais elle n'avait même pas daigné me prévenir.

» Voilà, mon Colonel, l'exacte vérité: Si la veuve Bazin m'avait fait l'honneur de me prévenir, l'observation que je me suis permis n'aurait pas eu lieu. Je sais que cette cantinière a dit que jamais elle ne s'humilierait au point de me demander la moindre chose, je lui ai fait observer que ce n'était pas s'humilier que de suivre la consigne et le réglement.

» Il est assez malheureux, mon Colonel, que je ne puisse me permettre la moindre observation à un des habitants ou employés du Fort, sans qu'il aille se plaindre aussitôt, ait toujours gain de cause et que je reçoive à l'instant des reproches et sois même sujet à une enquête.

» Si vous jugez à propos, mon Colonel, que la veuve Bazin fasse seule exception à la règle

» suivie jusqu'à ce jour, soyez assez bon pour
» me donner des ordres à ce sujet, sans quoi je
» suivrai la consigne comme par le passé.

» J'ai l'honneur, etc,

» MONORY. »

Il était évident que sans connaître le réglement, encore moins la marche suivie pour l'entrée des denrées dans le Fort, M. le Colonel donnait raison immédiatement à la cantinière et sur son seul rapport, sans me faire l'honneur de me demander quels pouvaient être les motifs qui m'avaient fait agir. C'est du reste ainsi que M. de Morlaincourt procéda toujours à mon égard. Blâmes et reproches, il me les jetait à profusion, sans s'inquiéter s'ils étaient mérités ou non.

La réponse que je reçus le même jour était pour moi une suite des outrages dont il m'avait déjà comblé.

« Cherbourg, le 4 novembre 1842.

N° 715.

» Monsieur le Capitaine,

» L'avant-dernier paragraphe de votre lettre,
» en date de ce jour, est écrit d'une manière
» d'autant plus inconvenante que celle que je
» vous ai adressée hier ne contenait aucun repro-
» che, mais bien l'invitation de ne rien changer à
» la manière avec laquelle la cantinière s'ap-
» provisionnait de denrées diverses.

» Si vous aviez exigé des marins qu'ils trans» portassent ces denrées, cette femme n'aurait » pas été obligée de les faire arriver à ses frais, » et cette correspondance n'aurait pas eu lieu. » Quant à croire que les marins ne se sont pas » refusés au transport en question, *je n'y ajou» terai aucune foi*, attendu que l'intérêt pécu» niaire de la femme Bazin est à mes yeux une » preuve évidente du contraire.

» Vous terminez votre lettre d'une manière » très déplacée, car vous devez savoir mieux » que personne que si je ne souffre pas les abus » du pouvoir, je ne tolère ni ne tolèrerai jamais » aucune infraction au service, aux consignes » et à la discipline.

» J'excuserai cependant votre style, croyant » que *vous n'appréciez pas exactement* la valeur » des termes dont vous vous servez habituelle» ment, inconvénient qui vous a déjà valu des » arrêts qui vous ont été infligés par l'un des » Généraux commandant le département.

» Recevez, etc.

» de MORLAINCOURT. »

M le Colonel me reproche l'inconvenance avec laquelle est écrit l'avant-dernier paragraphe de ma lettre. Mais y a-t-il un seul mot qui ne soit vraisemblable? Toute personne ayant lu ce qui précède peut s'en convaincre. Puis c'est encore un démenti formel qu'il me donne, il renie un fait que j'ai affirmé par écrit ; il dit : « Je » n'ajouterai foi etc. » et le dernier paragraphe de cette lettre, quel mépris, quelle arrogance! M. de Morlaincourt ne mériterait-il pas que je lui eusse retourné ses propres paroles : « Je » crois que vous n'appréciez pas exactement la » valeur des termes dont vous vous servez. » Quant aux arrêts que me reproche ici M. le Colonel, je puis dire que c'étaient les seuls que j'eusse reçus, et pour un motif qui paraîtra si futile, après la lecture de ma lettre du 5 novembre, qu'on sera saisi de pitié en le voyant me jeter cette punition comme preuve de la grossièreté dont il m'accuse.

« Fort-Royal, le 5 novembre 1842.

» Mon Colonel,

» Je me crois forcé de vous écrire encore une » fois au sujet de la veuve Bazin : je vois avec » peine que vous préférez encore, malgré la » parole que je vous ai donnée, ajouter foi aux » rapports mensongers de cette cantinière.

» L'intérêt pécuniaire de la femme Bazin est » à vos yeux une preuve évidente que les ma- » rins se sont refusés à lui apporter son tonneau » de cidre : Je vais vous prouver, mon Colonel, » que ces marins ont tout intérêt à lui apporter » ses denrées : lorsqu'ils les apportent ils en » reçoivent rétribution, et surtout pour un ton- » neau de cidre, dont le transport leur a toujours » été payé de 8 francs par la veuve Bazin depuis » qu'elle est cantinière ; ils n'auraient donc » pas demandé mieux que de lui apporter ce » dernier, mais voici déjà plusieurs fois, et cela

» sans doute parce qu'elle a quelques démêlés
» avec l'un d'eux, ce que j'ignore; qu'elle préfère
» payer davantage une embarcation de Cher-
» bourg, plutôt que de faire gagner cet argent
» à ces malheureux, dont elle a sans cesse
» besoin pour ses commissions journalières.

» Du reste, mon Colonel, je vous dirai que je
» crois n'avoir nullement le droit d'exiger des
» marins attachés au Fort qu'ils apportent telle
» ou telle chose que ce soit à la cantinière,
» lorsque M. Escher leur a dit, dans le temps,
» qu'ils ne devaient rien à personne, et que
» c'était un grande bienveillance de leur part
» s'ils voulaient, même étant payés, faire les
» commissions des habitants, et celles de MM.
» les Officiers et du Commandant du Fort.

On voit par là combien était fausse la position où je me trouvais au Fort-Royal. J'étais livré à la merci de matelots qui pouvaient se refuser à m'apporter les objets de première nécessité, et que je ne pouvais être à même de me procurer par moi-même, puisque le Fort-Royal est à une lieue de la terre.

» Vous voyez donc, mon Colonel, que d'après
» cela je ne peux en rien contraindre ces marins,
» pour ce qui est des commissions des habitants,
» lorsque je ne le peux pas pour moi-même, et
» que pour me procurer les choses nécessaires à
» ma nourriture, je suis obligé de leur payer
» une somme de.... par mois.

» En outre, supposé que j'eusse eu le droit de
» contraindre les marins à apporter ce tonneau,

» il aurait fallu d'abord que la cantinière m'eût » prévenu de leur refus, ce qui n'a pas eu lieu.

» Vous me reprochez amèrement, mon Colo- » nel, le style de ma dernière lettre, qui n'est » que le résultat de continuelles vexations, » lorsque je vois tous les jours de nouvelles » plaintes adressées contre moi, et que portier, » cantinière, etc., enfin n'importe quel habitant » du Fort vous adressant une réclamation, vous » ne me faites pas l'honneur de me demander » si elle est vraie ou fausse, et que, *quoi que je* » *dise, je ne peux me disculper à vos yeux*; votre » lettre du 4 en est encore une nouvelle preuve. » Je crois cependant, mon Colonel, que la parole » d'un Officier d'honneur, auquel vous ne pouvez » prouver aucun mensonge, devrait valoir plus » auprès de vous que les écrits ou rapports » mensongers de tous ces individus.

» Quant aux arrêts que m'a infligés M. le » Général commandant le département, je les ai » reçus, non pas pour lui avoir écrit d'une » manière inconvenante, mais seulement pour » n'avoir pas employé la formule militaire, car » je ne pense pas que la formule dont je me suis » servi en terminant ma lettre, et qui est celle- » ci : J'ai l'honneur d'être, mon Général, votre » tout dévoué serviteur, fût malhonnête, seule- » ment elle n'était pas militaire.

Je saisis cette occasion pour appuyer davantage ces dernières lignes par un témoignage irrécusable. Voici la lettre que m'écrivait M. de Morlaincourt le 8 mars 1841, en m'annonçant les 4 jours d'arrêt simples qui m'étaient infligés par M. de la Maisonfort, commandant le département. Cettre lettre prouve combien le sujet de ces arrêts était futile.

Cherbourg, le 8 mars 1841.

N.° 571.

Mon cher Capitaine,

C'est avec regret que je me vois forcé de vous envoyer la copie ci-contre. Je dis que c'est avec regret, parce que je suis convaincu que vous n'avez eu nulle envie de déplaire à M. le Général commandant le département.

Vous voudrez bien m'accuser réception de cette lettre.

Je suis, avec une parfaite considération, mon cher Capitaine,

de MORLAINCOURT.

On voit combien il se contredit lui-même. A l'époque où il m'écrivait cette lettre, il appréciait à leur juste valeur les arrêts qui m'étaient infligés, et le 4 novembre 1842, il semble me faire un crime de ces mêmes arrêts, et s'en sert pour me prêter un grossièreté qui était loin de ma pensée.

» Je pense, mon Colonel, que cette lettre
» vous persuadera cette fois du peu de foi que
» vous devez ajouter aux rapports de la veuve

» Bazin. Cependant, si vous en doutez encore,
» vous pourriez faire appeler le patron de
» canot Lebel, qui vous dira s'il avait refusé
» d'apporter le tonneau de cidre à la veuve
» Bazin.

» J'ai l'honneur d'être votre subordonné,

» MONORY. »

Cette lettre, je pense, ne demande aucune explication, elle est une réponse directe à celle du Colonel, et il est facile de s'apercevoir que dans aucune occasion je n'ai balancé à indiquer au Colonel les moyens de se convaincre de la vérité de ce que j'avançais.

Je crois devoir laisser à mes lecteurs d'apprécier la réponse qui me fut faite.

« Cherbourg, le 5 novembre 1842.

N° 716.

» Monsieur le Capitaine,

» Quand j'écris à l'un de mes chefs pour af-
» faire de service, je termine ma lettre par *je*
» *suis avec respect*, *etc*. Vous voudrez bien à
» l'avenir employer cette formule lorsque vous
» aurez à correspondre avec moi.

» Recevez etc.,

» de MORLAINCOURT. »

Je jugeai qu'une pareille lettre ne méritait pas de réponse; je regardais comme bien malheureux le chef qui était obligé de s'abaisser à ce point pour mendier un peu de respect.

Maintenant un nouveau personnage va renouer la trame qui se trouvait coupée. Cet individu qui devait me rester inconnu, (car il n'avait avec moi, par ses fonctions, aucune relation ni aucun démêlé à avoir dans un service qui ne le regardait en aucune façon), ce fut le sieur Le Rebours, Commis de l'Intendance, qui fournit à M. de Morlaincourt un nouveau sujet de me persécuter.

J'avais écrit la lettre suivante à ce M. Le Rebours, et le motif en est bien spécifié :

» Fort-Royal, le 9 décembre 1842.

» Monsieur,

» Un bateau de Cherbourg a apporté ce soir » au Fort-Royal un tonneau de cidre pour le » compte de la femme Bazin. Le patron de cette » barque n'avait pas de permis de M. le Colonel » commandant la Place de Cherbourg, sans » lequel il ne pouvait aborder ni rien débarquer » sur la rampe. La demoiselle Bazin m'a rap- » porté que vous aviez répondu à l'observation » qu'elle vous faisait touchant ces dispositions » réglementaires, qu'il *était inutile qu'elle s'as-* » *sujettît à ces formalités*, Ce dire de votre part » me paraît tellement invraisemblable que je

» vous prie de me transmettre immédiatement
» une explication nette et précise de ce fait, où
» je vois une grave infraction aux consignes que
» je dois et veux faire rigoureusement observer.

» J'ai l'honneur, etc.

» MONORY.

» A M. Le Rebours, etc. »

Je ne peux exprimer quel fut mon étonnement de recevoir de M. de Morlaincourt une réponse à la lettre que j'avais adressée à M. Le Rebours, réponse en outre écrite de la main de ce dernier. La voici :

« Cherbourg, le 10 décembre 1842.

N° 1779.

» Monsieur le Capitaine,

» Monsieur Le Rebours, Commis entretenu de
» 2e classe des bureaux de l'Intendance mili-
» taire à Cherbourg, m'ayant communiqué une
» lettre en date d'hier *qui lui a été écrite en*
» *votre nom* et relative aux permissions à deman-
» der par la cantinière du Fort-Royal, je vous
» engage à vous reporter à celle que j'ai eu
» l'honneur de vous écrire le 2 novembre der-

» nier, sous le n° 1754, et vous invite à vous y
» conformer.

» Recevez, etc.

» de MORLAINCOURT.

» A Monsieur le Capitaine Monory, etc.

Cette lettre, comme on le voit, devait être dictée par la même personne qui avait rédigé toutes celles dont j'ai parlé précédemment. Les termes méprisants, que je ne pouvais laisser passer sans les relever, en sont une preuve. Aussi je répliquai immédiatement.

« Fort-Royal, le 12 décembre 1842.

» Mon Colonel,

» Je croyais qu'en écrivant à M. Le Rebours,
» secrétaire de M. l'Intendant, une lettre parti-
» culière, et que demandant une réponse, je
» devais naturellement recevoir une lettre signée
» de M. Le Rebours, puisque c'était à lui per-
» sonnellement que je m'adressais; aussi je fus
» fort étonné de recevoir avant-hier, le 10 du
» courant, une réponse, non comme je devais
» m'y attendre, de M. Le Rebours, mais signée
» de vous. Ce qui m'a encore le plus étonné
» c'est que cette lettre, quelque laconique qu'elle
» est, ne laisse pas que d'être injurieuse pour
» moi, pour ne pas dire plus.

» Vous supposez, mon Colonel, que cette lettre » a été écrite *en mon nom*; mais ne suis-» je donc point capable d'écrire une lettre, » ai-je besoin d'un interprète pour dicter ma » correspondance, ai-je besoin enfin d'un se-» crétaire parce que je serais dans l'incapacité » d'écrire une simple lettre? Et c'est cependant, » mon Colonel, ce que vous me reprochez en » m'écrivant que cette lettre n'est pas de moi et » qu'elle a été écrite *en mon nom*. Mais la réponse » que vous avez bien voulu faire à la lettre » adressée par moi à M. Le Rebours, n'est pas » elle-même écrite par vous, elle est écrite en » entier de la main de M. Le Rebours, dont » il est facile de reconnaître l'écriture et seule-» ment souscrite par vous; et vous me repro-» cheriez, en supposant qu'on vous eût bien » informé, vous me reprocheriez, dis-je, de me » servir d'un secrétaire pour tenir ma corres-» pondance,

» Quant au reste de votre lettre du 10, rela-» tivement à la cantinière, je vous avoue que » j'aurai besoin d'éclaircissement de votre part » pour me guider à l'avenir, car je suis fort » embarrassé: dans votre lettre du 2 novembre, » sous le numéro 1754, vous me disiez que la » femme Bazin n'avait pas besoin de permission » écrite, signée de votre main, que cette forma-» lité n'avait pas été exigée, et que ne voyant » pas de nécessité à modifier la marche suivie » jusqu'à ce jour, vous m'invitiez à n'y rien

» changer. D'après quelques observations que
» je m'étais permises sur cette lettre N.° 1754,
» et après que je vous eûs montré que je n'exi-
» geais rien autre chose que l'exécution de la
» consigne et du réglement, vous m'avez ré-
» pondu par votre lettre en date du 4 novembre
» que vous ne tolérez ni ne toléreriez jamais
» aucune infraction au service, aux consignes
» et à la discipline. D'après cette dernière lettre
» j'ai vu une autorisation à la marche que j'ai
» suivie jusqu'ici, aussi est-ce pour cela que je
» me suis permis une nouvelle observation, le
» 8 du courant, à la veuve Bazin, et que j'ai
» écrit à M. Le Rebours, ne pouvant compren-
» dre, après votre lettre du 14 novembre 1842,
» qu'il eût dit à la fille Bazin qu'elle n'avait
» pas besoin, elle, de s'assujettir à la formalité
» que j'exigeais.

» Hier, vous m'écrivez, pour M. Le Rebours,
» de me reporter à votre lettre N.° 1754, où
» vous me dites de ne point exiger de la femme
» Bazin de permission écrite; mais malheureu-
» sement votre lettre N.° 715 se trouve contre-
» dire celle du N.° 1754, et c'est ce qui fait
» mon embarras. Aussi je vous prie, mon Co-
» lonel, de vouloir bien m'éclairer dans cette
» affaire et me dire définitivement quelle est
» celle de vos lettres que je dois prendre pour
» guide, afin de me trouver tout-à-fait à cou-
» vert, quelque chose qui puisse en résulter.
» Cependant je vais vous transmettre ici l'ordre

» relatif au débarquement des bateaux : c'est » le N.° 1.er Consigne du poste de l'enve- » loppe, du 15 octobre 1824, renouvelée le 10 » octobre 1826. Elle dit : Le chef du poste ne » laissera débarquer aucun des objets des ba- » teaux étrangers au servicc du Fort, sans la » permission du Commandant de la place: pen- » dant qu'il ira rendre compte de leur arrivée, » il recommandera à la sentinelle de ne point » laisser entrer les marins, etc.

» Je pense, mon Colonel, que vous serez as- » sez bon pour m'honorer d'une réponse et me » donner des ordres précis au sujet de cette » cantinière. Dans le cas contraire, je vous » déclare que j'en référerai directement à M. le » Lieutenant-Général.

» Je crois que j'ai encore été trop bon en » permettant à la femme Bazin de débarquer » son tonneau de cidre, mais cela n'aura plus » lieu à l'avenir; il est par trop évident, d'après » toutes vos lettres, que vous voulez me réduire » à être le valet de tous les employés du Fort et » me rabaisser à recevoir les ordres du dernier » manant. Voilà assez longtemps que j'endure » ma position, mais il faut que cela ait une fin; » ou je suis Commandant, ou je ne le suis pas; » du reste, j'aurais dû m'attendre à tout de » votre part, lorsque vous m'avez dit, de sang- » froid, que mon portier-consigne me traitait de » *canaille*. Si vous aviez pu comprendre ce que » c'est que de traiter un Officier d'honneur de

» *canaille*, vous vous seriez abstenu de répéter » des paroles que vous n'eussiez pas dû souffrir, » car elles n'avilissent pas moins vos épaulettes » que les miennes; mais non, tous les employés » du Fort ont toujours eu accès auprès de vous » et vous ont trouvé toujours disposé à » écouter leurs faux rapports, au point de vous » faire ravaler l'épaulette, de mettre un Officier, » et un Officier d'honneur aux pieds de tout ce » qu'il y a de manants dans le Fort. Loin de » trouver en vous un soutien contre l'indisci- » pline, un chef qui sût faire respecter les lois » et les réglements, vous avez abaissé mon » Commandement et réduit mon autorité à rien » en favorisant hautement la rébellion contre » moi, en me laissant traîner pendant six mois » sur les bancs des tribunaux. Mais enfin je suis » las de me voir sans cesse réduit à me taire, » ma patience est enfin à bout, et je ne puis » souffrir plus long-temps qu'on ravale à ce » degré le pouvoir que m'a confié Son Excellence » le Ministre de la Guerre, le pouvoir dont il » m'a revêtu parce qu'il m'a jugé assez d'hon- » neur pour en remplir dignement les charges. » Je désire, mon Colonel, que vous compreniez » tout ce qu'a de pénible la position dans laquelle » vous m'avez mis, et cela en soutenant ouver- » tement mes subordonnés contre moi.

» Je suis etc.

» MONORY.

» P. S. Quant à M. Le Rebours, Commis

» entretenu de 2e classe des bureaux de l'In-
» tendance militaire à Cherbourg, je ne puis que
» vous dire que c'est un impertinent de n'avoir
« pas répondu à la lettre que je lui ai fait l'hon-
» neur de lui écrire, et me charge de lui faire
» connaître quelle est ma façon de penser à
» son égard, à la prochaine occasion, et cela le
» plus tôt possible.

On voit par cette lettre à quel point était poussé l'état de souffrance et d'irritation où je me trouvais, et certes il fallait que j'eusse été abreuvé de bien des déboires et d'outrages, pour oser relever enfin ma tête et rejeter la boue dont on salissait les épaulettes et la décoration que le Roi lui-même a déposée sur ma poitrine. Aussi, pour tant d'audace, pour avoir protesté contre l'avilissement où l'on me réduisait, je reçus des arrêts simples à nouvel ordre, et ces arrêts m'étaient infligés par la lettre suivante, à laquelle en était jointe une seconde :

« Cherbourg, le 12 décembre 1842.

» Monsieur le Capitaine,

» Vous garderez les arrêts simples jusqu'à
» nouvel ordre, pour m'avoir adressé la lettre
» que j'ai reçue de vous ce matin : laquelle je
» fais parvenir en *original* aujourd'hui à M. le
» Maréchal-de-Camp commandant le départe-
» ment. Je le prie en outre de la mettre sous les
» yeux de M. le Lieutenant-Général comman-

» dant la division, ce qui vous évitera la peine
» de le faire vous-même.

» Je vous engage à observer vos arrêts *à la*
» *rigueur*, sans cela je me verrais contraint
» d'employer des moyens plus sévères pour
» vous y contraindre. Vous m'accuserez récep-
» tion de ces *deux* lettres.

» Je suis etc.

» de MORLAINCOURT. »

2e Lettre :

« Cherbourg, le 12 décembre 1842.

No 720.

» Monsieur le Capitaine,

» Vous ne deviez pas écrire pour affaire de
» service à M. Le Rebours, il n'a aucune auto-
» rité pour vous répondre; vous deviez vous
» adresser, soit au Commandant de la Place,
» soit au Sous-Intendant Militaire. C'est donc
» par mon ordre exprès qu'il s'est abstenu de
» vous répondre.

» Quant à l'article de la consigne du poste de
» l'enveloppe, il est clair et ne nécessite aucune
» explication; puisqu'il ne peut en rien prohiber
» l'entrée dans le Fort des boissons ou subsis-
» tances nécessaires à la consommation de la
» garnison, après que vous les avez reconnus ou

» fait reconnaître.

» Je suis, etc.

» de MORLAINCOURT.

» A Monsieur le Capitaine Monory. »

Peu m'importaient ces arrêts dictés par la haine. J'étais enfin parvenu à prouver une fois que mes réclamations n'étaient pas sans fondement. Je savais que je devais m'attendre désormais à tout de la colère et de la vengeance d'un chef qui me sacrifiait ainsi à ses passions. Aussi ma réponse à ces deux lettres fut écrite avec la même franchise que les précédentes. Fort de mon innocence, fort de l'estime des personnes respectables, je renvoye à son auteur le blâme qu'il voulait verser sur moi.

« Fort-Royal, le 13 décembre 1842.

» Mon Colonel,

» J'ai reçu vos deux lettres datées du 12 du
» courant, et me conformerai à leur contenu.
» Quant à M. Le Rebours, s'il n'a aucune auto-
» rité pour me répondre, il ne devait pas en
» avoir davantage pour se mêler du service et
» donner des ordres à la cantinière. Eh pourquoi
» dit-il qu'il représente M. le Sous-Intendant
» militaire, s'il n'a aucun droit.

» Au reste, je vous le répète, je m'attends à

» tout de votre part, et ne doute pas que vous » ne cherchiez à m'écraser, et à me faire subir » toutes les vexations. Mais peu m'importe, j'ai » toujours vécu avec honneur, toujours j'ai eu, » et toujours j'aurai, quoi que vous fassiez, l'es- » time des honnêtes gens.

» Cependant, vous ne devez pas douter qu'- » aussitôt mes arrêts terminés, je ne parte de » suite pour porter réclamation et m'adresser » à qui de droit pour obtenir justice.

» Je suis, etc.,

» MONORY.

» A Monsieur le Colonel de Morlaincourt. »

Je reçois le 21 décembre 1842, la lettre suivante:

« Cherbourg, le 21 décembre 1842.

Nº 727.

» Monsieur le Capitaine,

» Les arrêts que je vous ai infligés le 12 du » courant seront levés le 1er janvier 1843, sans » aucun autre avertissement de ma part.

» Je vous dispense de la visite réglementaire » prescrite dans cette circonstance. A l'avenir » vous ne devrez *jamais* découcher du Fort-

» Royal qu'avec *ma permission expresse;* je vous » engage à observer ponctuellement cet ordre.

Recevez etc.,

» de MORLANCOURT.

» A Monsieur le Capitane Monory, etc. »

Je ne pouvais donc plus découcher du Fort sans une autorisation expresse; je ne pouvais plus, sans demander permission, aller en ville voir mon épouse, mes enfants auxquels je donnais de l'instruction. Il me fallait demander la permission de 12 heures ou de 48 heures, et cependant, moi, j'avais le droit d'accorder ces permissions aux soldats, Sous-Officiers et même aux Officiers.— Quelle anomalie!

Je me dispensai de répondre, je me résignai à tout recevoir, à laisser chacun agir à sa volonté dans le Fort, je me renfermai dans un mutisme complet. Pour prouver combien ses permissions étaient strictes et rigoureuses, je vais citer celles qu'il m'accorda plusieurs fois:

Place de Cherbourg.

« Il est permis à Monsieur le Capitaine Com- » mandant le Fort-Royal de coucher en ville » pendant la nuit de 2 au 3 janvier 1843.

» de MORLAINCOURT.

» P. S. Monsieur Monory est informé que je

» ne puis lui accorder par mois que deux ou
» trois permissions, au plus, semblables à
» celle-ci.

Place de Cherbourg.

» Il est permis à Monsieur le Capitaine Com-
» mandant le Fort-Royal de coucher en ville
» pendant la nuit du 3 au 4 janvier 1843.

» de MORLAINCOURT »

Place de Cherbourg.

« Il est permis à Monsieur le Capitaine Mo-
» nory de coucher en ville pendant la nuit du
» 15 au 16 janvier 1843.

» de MORLAINCOURT. »

On voit par là qu'il avait bien soin de ne m'accorder une permission que pour une nuit à la fois, rien qu'une nuit, et il m'eût fallu demander un seconde autorisation pour découcher une deuxième nuit.

J'en étais resté à ce point, lorsque le 15 février je reçus la lettre suivante :

« Cherbourg, le 15 février 1843.

» Monsieur le Capitaine,

» J'ai l'honneur de vous transmettre, 1° une

» lettre de M. le Lieutenant-Général qu'il vous
» adresse, 2° une copie de celle de Monsieur le
» Maréchal-de-Camp, Commandant la subdivi-
» sion, qui était jointe à la première.

» Je me sers de cette occasion, Monsieur le
» Capitaine, pour vous prévenir qu'il m'est re-
» venu que malgré ma défense expresse, vous
» découchiez du Fort-Royal, sans ma permis-
» sion. Je vous engage dans votre intérêt à ne
» plus retomber dans la même désobéissance,
» car, s'il en était encore ainsi, *je donnerais*
» *l'ordre formel au portier-consigne du Fort de*
» *m'en informer officiellement, toutes les fois que*
» *cela arriverait, et cela sous sa responsabilité*
» *personnelle.*

» Je suis, etc.

» de MORLAINCOURT.

» P. S. Vous voudrez bien m'accuser récep-
» tion de cette lettre ainsi que des 2 pièces qui
» y sont jointes. »

Voici maintenant les deux lettres qui étaient jointes à celle qui précède :

« Saint-Lo, le 13 février 1843.

N.° 1358.

» Mon cher Colonel,

» Monsieur le Lieutenant-Général, comman-
» la division, me charge d'avoir l'honneur de

» de vous transmettre ci-joint une lettre par
» laquelle il exprime à M. le capitaine *Monory*,
» commandant le Fort-Royal à Cherbourg, tout
» son mécontentement en raison des abus de
» pouvoir et des vexations que cet Officier s'est
» permis envers la dame veuve Bazin.

» Recevez, etc.

» LE CHARTIER, maréchal-de-Camp,
» Commandant la 3e subdivision. »

» Rouen, le 10 février 1843.

N.° 423.

» Capitaine,

» La dame veuve Bazin, cantinière au Fort-
» Royal de Cherbourg, dont le commandement
» vous est confié, m'a adressé de vives plaintes
» relativement à un grand nombre d'abus d'au-
» torité dont vous vous êtes rendu coupable
» envers elle.

» M. le Maréchal-de-Camp, commandant le
» département de la Manche, que j'avais chargé
» de s'assurer de la véracité des faits allégués
» contre vous, vient de me rendre compte que
» les plaintes de Mme veuve Bazin ne sont mal-
» heureusement que trop fondées. Il paraît que
» vous avez méconnu vos droits, et manqué
» entièrement aux égards que l'on doit à la
» veuve d'un ancien militaire, chargée d'une

» nombreuse famille, et exerçant une industrie
» utile au bien-être de la troupe, en vertu d'une
» autorisation spéciale. La position de Mme veuve
» Bazin était bien digne d'intérêt, et elle avait
» droit à votre justice, autant qu'à votre bien-
» veillance.

» Je ne puis que vous exprimer tout mon
» mécontentement, et je vous engage à vous
» conduire à l'avenir avec plus de circonspec-
» tion, de dignité, et un plus juste sentiment
» des convenances. J'aime à penser que vous ne
» me mettrez pas dans la triste nécessité d'ap-
» peler sur vous toute la sévérité de M. le
» Maréchal Ministre de la Guerre.

» Recevez, etc.

» Le Lieutenant-Général, Pair de France,
» Commandant la 14e Division militaire,

» TESTE. »

Ainsi, ce n'était pas assez de m'adresser ces reproches. Non content de me faire parvenir cette lettre, déjà accablante pour moi, il frappe encore plus fort, il semble prendre à tâche de m'écraser. La première des trois lettres qui précèdent en est une preuve. Ainsi j'étais, moi, Commandant du Fort, placé sous les yeux d'un geôlier, sous la surveillance d'un portier-consigne, et cela parce qu'un orage m'avait empêché de rejoindre mon poste, et que je n'avais pas cru devoir demander la permission de découcher une seconde nuit, puisque le canot ne pouvait aller au Fort par suite du mauvais temps. Je ne croyais pas que M. le Colonel m'eût jamais abaissé à ce degré. Il mettait aux pieds d'un ivrogne mon commandement et mes épaulettes. C'était le dernier point d'abjection dans lequel il pût me plonger; que pouvais-je attendre de plus? Je ne pus lire la lettre du 10 février, sans ressentir une profonde tristesse mêlée d'indignation pour les calomnies dont j'étais victime. Aussi je m'adressai de nouveau à M. le Lieutenant-Général pour lui exprimer l'étonnement que m'avaient fait éprouver ces reproches, et montrer combien ils étaient peu mérités. Mais dès lors, ce n'étaient plus des reproches dictés par une haîne aveugle; je sentais à quel point il avait fallu que je fusse noirci et calomnié. J'étais enfin accusé d'abus nombreux de pouvoir; c'était une amère dérision, moi qui n'avais plus aucune autorité dans le Fort. Je voulais me disculper; je voulais une réhabilitation pleine et entière; des abus de pouvoir m'étaient reprochés, et cependant on ne m'en citait aucun. Je voulais qu'ils me fussent montrés, afin que je pusse les réfuter, car ils étaient faux. C'était dans l'ombre qu'avaient été portées contre moi ces odieuses calomnies, et mes accusateurs n'avaient pas osé me citer en face les torts qu'ils me reprochaient. Je sentais bien que dans une telle occasion des lettres ne sont rien. Il me fallait pour me disculper une enquête judiciaire, parce que là, accusateurs et accusés seraient obligés de déduire leurs motifs en public. Il est facile de surprendre la religion de l'homme le plus sincère; mais lorsque le public juge, il est rare que la vérité ne soit pas reconnue. Ce fut dans ce but que j'écrivis cette lettre à M. le Lieutenant-Général :

« Fort-Royal, le 17 février 1843.

» Mon Général,

» Jamais homme n'a éprouvé un plus pro-
» fond étonnement que celui dont je viens d'être
» frappé à la lecture des reproches aussi sévères
» que non mérités que vous m'adressez, et qui
» me sont parvenus le 15 février. Frappé ino-
» pinément dans ce qu'un militaire a de plus
» précieux, une réputation irréprochable, per-
» mettez-lui, mon Général, de vous faire enten-
» dre le cri de sa profonde douleur et celui de la
» sainte indignation dont il est saisi devant
» l'accusation la plus inique, la plus calomnieuse
» que l'on puisse inventer.

» Confiant dans votre loyauté, je viens con-
» jurer votre équité, et là reposent mes espé-
» rances, la seule consolation que je puisse
» goûter dans ces moments d'amertume. Je ne
» suis pas de ces hommes qui aient des motifs
» pour baisser les yeux devant un regard inves-
» tigateur sur leur passé; tous mes antécédents,
» je ne crains pas de le dire, tous mes antécé-
» dents, comme le moment présent, sont hono-
» rables; ma conduite n'a jamais été souillée par

» aucun acte déshonorant; j'ai toujours marché » la tête haute, parce que toujours je me suis » conduit avec honneur, et j'espère ne point y » faillir un seul instant.

» Mon devoir, mon Général, est de solliciter » une enquête, et une enquête judiciaire; » l'étrange accusation d'abus de pouvoir que » l'on fait peser sur moi m'en rend passible; » accusé ou accusateur, il y a un coupable; il » faut que le vrai délinquant soit dévoilé et puni, » et que la vérité éclate dans tout son jour. » Outrageusement attaqué, j'ai acquis le droit » d'une défense ouverte et toute franche; mais » je répudie une enquête mystérieuse où il a été » si aisé à la voix de la passion de surprendre » la religion de l'homme le plus consciencieux, » et le résultat de cette enquête est que j'ai été » condamné sans avoir été entendu. C'est avec » la plus vive instance que je réclame cette satis- » faction que je souhaite obtenir à tout prix, et » dans ce but, mon Général, j'adresse à M. le » Ministre de la guerre une supplique que je vous » prie de vouloir bien lui faire parvenir.

» Mon intention n'est nullement, croyez-le » bien, mon Général, de faire de cette lettre une » factice; je désire vivement obtenir l'investi- » gation que je demande, parce que j'ai la cons- » cience nette, et ne crains pas qu'on fouille » dans ma vie la plus intime, parce que je veux » mettre enfin au jour la calomnie dont je suis » victime; et d'ailleurs, une seule observation » trancherait immédiatement la question et ferait

» écrouler, en un moment, cet édifice d'accusa- » tions sous lequel on veut m'écraser. Un homme » sensé n'agit jamais sans un but quelconque : » or, quel est celui supposable en faisant de la » veuve Bazin une victime de mon oppression » et de mes persécutions? qu'ai-je de commun, » de rapport avec cette femme? il y a plus de » six mois que je ne lui ai adressé la parole, et » depuis cinq ans, c'est à peine si j'ai mis cinq » fois les pieds chez elle.

» Mais je suis si éloigné de nuire à cette femme, » que c'est à ma seule recommandation et avec » ma caution qu'elle a obtenu de succéder à son » mari, décédé il y a moins de deux ans, dans » la place de cantinière, bien que les réglements » s'y opposassent. J'entrave si peu son industrie, » que ne voulant m'immiscer en rien dans son » commerce, j'ai déclaré ma non compétence » tout récemment, relativement à des réclama- » tions qui m'ont été adressées sur la surtaxe » des denrées. Bien plus, du vivant du sieur » Bazin, ce cantinier s'étant permis de pas- » ser de l'eau-de-vie à des militaires à la » salle de police, ces derniers, après s'être éni- » vrés, se révoltèrent et encoururent un conseil » de guerre. Les époux Bazin furent appelés, et » la femme Bazin fut chassée par le Président à » cause de ses mensonges accumulés ; le sieur » Bazin fut mis en prison et devait même passer » aux assises. Je me suis employé autant que » possible, à la requête de la femme Bazin, et ai » enfin réussi à faire ouvrir à son mari les portes

» de la prison où il était séquestré. En outre, » mon Général, chaque fois que la femme Bazin » a eu besoin de moi pour placer et recom- » mander ses enfants, je me suis toujours em- » ployé pour elle, en considération de la nom- » breuse famille dont elle était chargée, et même » j'ai fait des demandes que je n'aurais peut-être » pas fait pour mes propres enfants. C'est encore » moi qui ai cherché à lui conserver l'éclairage » du phare qui domine le Fort, alors qu'on vou- » lait en charger un autre individu, le sieur » Bazin étant mort.

» Sont-ce là enfin, je vous le demande, mon » Général, les preuves de mon oppression, de » ma tyrannie? mais la femme Bazin a cru me » récompenser dignement de bienfaits qu'elle » ne méritait pas, je le vois bien; ses mensonges » ont failli causer le renvoi d'un des marins des » canots; peu s'en est fallu que le boulanger du » Fort n'en fût aussi victime; maintenant c'est » sur moi qu'elle verse tout le venin de la plus » odieuse calomnie, ce sont les fruits que je » recueille pour mes bienfaits !

» On se complaît à me faire passer pour un » despote exerçant alternativement ses violences » contre les divers résidents au Fort-Royal; » déjà justice a été faite de ces ridicules et men- » songères imputations, et je possède les diver- » ses pièces qui m'en justifient, prêt à les exhiber » au besoin.

» J'ai l'honneur d'être investi de fonctions

» honorables, et j'ai la conviction de les remplir » aussi dignement que consciencieusement ; je » dois et veux faire exécuter rigoureusement les » consignes qui me sont imposées, et si mon » exactitude à les faire observer déplaît à cer- » taines gens, je braverai leurs clameurs, ayant » la conscience de mes devoirs remplis.

» Par suite de l'inimitié que m'a voué M. le » Colonel, commandant la place de Cherbourg, » je me trouve depuis trois mois sous le faix » d'une mesure toute exceptionnelle, que je » taxerai même d'arbitraire : il ne m'accorde » que trois nuits à découcher par mois ; je ne » me rends en ville que pour voir ma femme » qui a été obligée par les mauvais propos de » la cantinière de quitter le Fort et d'aller de- » meurer à Cherbourg, et pour voir mes enfants » souvent malades, et enfin surveiller mes inté- » rêts; ma conduite à moi est toute morale, » pourquoi m'imposer ces privations? mes pré- » décesseurs avaient coutume de résider à Cher- » bourg, j'ai fixé mon séjour au Fort, et ne le » quitte que pour affaire d'urgence. Mais M. de » Morlaincourt veut me rendre, en quelque sorte, » outre les trois uniques permissions qu'il m'ac- » corde par mois, responsable des éléments » contraires si fréquents dans cette saison, puis- » que parfois les communications sont inter- » rompues pendant trois et quatre jours de suite. » Son animosité est telle à mon égard, qu'elle » tient de l'égarement, me menaçant, en cas » d'infraction à sa volonté, de me placer sous la

» haute surveillance de mon portier-consigne, » et pour que vous ne puissiez révoquer en doute » un tel acte, j'ai l'honneur de vous adresser » une exacte copie de ses lettres.

» Je vous supplie, mon Général, de prendre » en considération ma position comme père de » famille, et devant veiller aux intérêts de ma » famille, et de vouloir bien m'obliger en modi- » fiant les ordres de M. le Colonel, commandant » la place de Cherbourg.

J'ai l'honneur, etc.,

» MONORY.

» A M. le Lieutenant-Général Teste, etc. »

Je joignais à cette lettre la copie des lettres de M. le Colonel, en date du 2 janvier 1843, où il me dit ne pouvoir m'accorder que trois permissions au plus par mois pour découcher du Fort, et celle du 15 février, où il me met sous la surveillance du portier-consigne du Fort.

A ces lettres était encore jointe celle que j'adressais au Ministre de la Guerre. La voici:

» Fort Royal, le 17 février 1843:

» Excellence,

» Le Capitaine Monory, Adjudant de Place, » commandant le Fort Royal en rade de Cher-

» bourg, a l'honneur d'exposer à votre Excel-
» lence, qu'une femme, veuve Bazin, cantinière
» audit Fort, a adressé à M. le Lieutenant-Géné-
» ral commandant la 14e division militaire, une
» plainte contre de prétendus abus de pouvoirs
» dont je l'aurais rendue victime. La gravité de
» ces plaintes intéressant ma réputation et com-
» promettant ma position, je supplie votre Ex-
» cellence de daigner ordonner qu'il soit pro-
» cédé immédiatement à une enquête franche
» et ouverte de laquelle doit ressortir une com-
» plète absolution des blâmes que m'ont fait si
» injustement encourir ces iniques calomnies.

» J'ai l'honneur, etc.

» MONORY. »

Il m'est important de citer encore ici une lettre, parce qu'elle montre à combien de subterfuges M. le Colonel avait recours pour me calomnier.

« Cherbourg, le 17 février 1843.

N° 732.

» Monsieur le Capitaine,

» Sachant que depuis long-temps vous tenez
» publiquement contre le Commandant de la
» Place de Cherbourg des propos que je m'abs-
» tiendrai de qualifier, je ne veux pas qu'on

» puisse, c'est-à-dire que vous puissiez supposer » que l'interdiction contenue dans ma lettre du » 21 décembre dernier, vous ait été imposée » par une cause qui me soit personnelle. Je » vous autorise donc, à compter de ce jour, à » regarder, ma lettre en question, celle du 21 » décembre, comme non avenue.

» Recevez, etc.

» de MORLAINCOURT. »

Voici ma réponse.

» Fort Royal, le 17 février 1843.

» Mon Colonel,

» J'ai reçu la lettre que vous m'avez adressée » aujourd'hui, et par laquelle vous m'annoncez » le retrait de l'interdiction contenue dans » votre lettre du 21 décembre dernier.

» Quant aux propos que vous dites que j'ai » tenus publiquement contre vous, je déclare » n'en avoir tenu aucun, ni ne m'être fait l'écho » de ceux que l'on tient journellement; j'en re- » pousse par conséquent la responsabilité.

» L'admonestation que vous m'avez transmise » aujourd'hui n'étant sous aucun point méritée, » je dois à ma position et à mon caractère de » provoquer une enquête sur des faits qui m'ont » été impliqués, et sur lesquels je suis condamné

» sans avoir été entendu. Je le dois d'autant
» plus, qu'il n'existe pas d'exemple où un Offi-
» cier, commandant en chef un poste honorable,
» ait été mis dans la position où je me trouve à
» l'égard de gens qui sont au-dessous même de
» mes subordonnés.

» J'ai l'honneur, etc.

» MONORY. »

M. le Colonel prétendait que j'avais tenu sur son compte certains propos inqualifiables; il m'écrivait cette lettre alors que les journaux lui reprochaient hautement des faits que, moi aussi, je m'abstiendrai de qualifier, et qui, du reste, fournissent encore des armes contre lui, puisqu'à la virulente réplique du journal le *Haro*, il n'a rien répondu; et malheureusement pour lui, il est un vieil adage ainsi conçu: Qui ne dit mot consent; adage qu'il semblait permettre d'appliquer. J'ai cru devoir faire la réponse ci-dessus. Certes, je savais combien étaient accablants pour M. le Colonel les propos qui circulaient. Les cris de l'opinion publique étaient venus à mon oreille, et malgré le huis-clos des débats, poussé au point d'interdire l'entrée de la salle aux membres du barreau, étrangers à l'affaire, j'aurais pu relever les faits échappés à *certains* témoins. J'ai cru devoir me taire, parce qu'à moi il me faut des preuves palpables et évidentes, à la différence de certains hommes qui admettent *de plano* la calomnie et la diffamation sans rechercher les preuves en faveur de l'individu diffamé. Du reste, il fallait que cette impression fût bien forte, puisqu'on n'est pas encore revenu à Cherbourg sur des faits avancés avec tant de force et qui s'appuyaient, disait-on, sur tant de preuves; et je puis dire que c'est avec pitié que l'on répétait la manière dont on les avait palliés : c'était, disait-on, en se posant comme *victime politique* que M. de Morlaincourt voulait se disculper de ces bruits diffamans.

A Cherbourg, où la population est si tranquille, il faut qu'un événement soit bien grand pour troubler les habitants au milieu de leurs occupations commerciales, et à ce moment là, l'état de fomentation ou étaient les esprits n'était pas sans quelque motif.

Déjà, j'en suis persuadé, il n'est aucun de mes lecteurs qui n'ait été à même d'apprécier mes souffrances, qui n'ait partagé mes peines. Après une suite d'outrages et de vexations croissantes, on doit s'attendre à me voir désirer la vengeance; eh bien ma colère n'a pu résister à *l'instante prière* qui me fut faite par celui-là même qui m'avait causé tant de tracas.

Le *Journal de Cherbourg* avait relevé, indirectement cependant, les faits dont je viens de parler.

Monsieur de Morlaincourt s'offensa d'un des articles de ce journal, et croyant réparer son honneur, il en demanda raison à M. Beaufort, l'un des gérants de cette feuille. Il lui fallait deux témoins; il pouvait choisir; il y avait dans la place plus d'un Officier d'honneur auquel il eût pu s'adresser; eh bien, c'est à moi, à moi dont il avait fait sa victime, c'est à moi qu'il vint dire : Vous êtes un Officier d'honneur, voilà comme il me faut un Officier pour second, me refuserez-vous? Alors il me déduisit les motifs du duel, et si ce n'est qu'il me cita les attaques que M. Beaufort avait, disait-il, dirigées contre lui dans ses n[os] du 27 novembre 1842 et 30 avril 1843, je n'aurais pas pensé à parler de ces articles, qui, à mes yeux, ne désignaient personne en particulier.

Malgré les motifs d'aigreur que je pouvais avoir contre le Colonel, malgré la sévérité des lois que j'encourais si j'acceptais, je crus que le seul moyen honorable de me venger était d'opposer la générosité à la haîne, et j'acceptai... . Ce n'est point à moi ici à faire comprendre quelle fut ma conduite dans cette occasion. C'est à mes lecteurs qu'il appartient de me juger. Mais ce que je puis dire, c'est que c'est moi qui ai appaisé cette affaire, et qui enfin parvins à terminer une querelle qui eût entraîné pour les deux adversaires des suites plus que fâcheuses.

Peu de jours après, je reçus de M. et Mme de Morlaincourt une invitation à dîner. Quand j'aurais eu l'intention d'accepter cet honneur, je ne l'aurais pas fait, car le lendemain de cette invitation je recevais la lettre suivante :

« Cherbourg, le 6 mai 1843.

N° 737.

» Mon cher Capitaine,

» Aujourd'hui, je regrette d'avoir à vous » transmettre l'ordre ci-joint, il m'est parvenu » hier soir. (C'était mon changement pour Besançon.)

» Je saisis cette occasion pour vous assurer » que je n'oublierai jamais la loyauté avec » laquelle vous m'avez immédiatement, sur ma » demande, accordé votre appui dans une af- » faire qui, *sans votre fermeté et votre prudence,* » *pouvait avoir des suites plus que fâcheuses.*

» Dans cette circonstance, ma conduite à » votre égard a dû vous prouver que des dis- » cussions entre nous n'avaient d'autres causes » que des affaires de service, et qu'elles n'ont en » rien altéré les sentiments d'estime que je » vous porte.

» Recevez, mon cher Capitaine, l'assurance » de l'intérêt que je prends à la contrariété » que je suppose devoir vous causer votre nou- » velle destination.

» de MORLAINCOURT. »

Cette lettre, comme on le voit, m'annonçait une disgrâce, fruit désastreux des calomnies dont M. de Morlaincourt s'était rendu l'écho et l'appui. Cette conduite de M. de Morlaincourt, la lettre ci-dessus font faire les réfléxions suivantes: Il est évident que M. le Commandant de Place était désabusé. Que devait-il faire alors? Au lieu d'inviter M. Monory à s'asseoir à sa table et de lui écrire des lettres de condoléance, il devait écrire de suite au Lieutenant-Général, Commandant la Division, reconnaître franchement et avouer en homme d'honneur qu'il avait été trompé. C'est même la réflexion que fit le Lieutenant-Général Durocheret, chef du personnel au ministère de la guerre. Alors mon honneur et ma loyauté n'étaient plus mis en doute; j'étais réhabilité, et, au lieu de cela, par la faute de M. de Morlaincourt, je perds les insignes du commandement, je suis destitué, et obligé d'abandonner ma femme et mes enfants, et, après avoir commandé en chef pendant 7 ans un poste de confiance aussi important que le Fort-Royal, d'aller en sous ordres à Besançon!

Il me faut ici reprendre les faits d'un peu plus haut.

Avant ce duel qui devait avoir lieu, M. le Maréchal-de-Camp Le Chartier était venu à Cherbourg pour prendre, disait-on, des renseignents sur les abus de pouvoir dont m'avait accusé la cantinière du Fort. Je fus appelé par M. le Général et je me rendis à son invitation. Après plusieurs questions insignifiantes, il me dit: Mais vous vous occupez de pêche dans le Fort. Je répondis affirmativement. En effet, j'avais à cette époque, et j'ai encore maintenant à moi, pour plus de quinze cents frans d'ustensiles de pêche, tant en trémails qu'autres, et deux canots pour mon agrément. Si je rapporte les questions que me fit le Général, c'est que j'ai su depuis qu'elles m'étaient posées d'après la dénonciation portée par la femme Bazin. J'ai su même qu'on avait profité de l'occupation que je m'étais choisie pour m'accuser de faire pêcher les marins attachés au Fort, de les forcer de vendre le poisson, fruit de leur pêche, et d'en revendiquer le prix. Il est vrai que j'ai quelquefois fait des pêches assez heureuses, et que lorsqu'après avoir partagé avec mes amis et connaissances, je ne savais que faire du restant, je l'envoyais vendre par un des marins. Mais ce poisson était à moi, je l'avais pêché moi-même dans mes trémails et avec *mes* embarcations, j'étais donc libre de le faire vendre pour me défrayer un peu des dépenses que m'occasionnaient mes instruments de pêche, et si un marin portait parfois quelques poissons à la rue, je l'indemnisais de sa peine. Je ne pense pas qu'en vendant du poisson j'étais plus coupable que ceux de mes camarades qui occupent des places comme était la mienne, et qui ayant, sous le nom d'autres individus, des herbages du gouvernement, tirent parti des moutons qu'ils y nourrissent, du lait de leurs vaches et même du poisson qu'ils sont à même de pêcher; enfin, je n'étais pas plus coupable que *des généraux* qui se livrent à l'agriculture, au trafic des chevaux et savent en tirer des bénéfices. On voit donc combien était absurde cette accusation. Mais ce n'était pas encore la plus ridicule. M. le Général Chartier alla même jusqu'à me demander si je n'assignais pas à la femme Bazin un magasin particulier pour prendre ses denrées, donnant à entendre par là que je m'entendais avec le marchand pour retirer un bénéfice sur les achats Ainsi il supposait, que moi, Officier, j'allais m'abaisser à de telles bassesses dans l'espoir de tirer parti de la vente d'un marchand.

Il paraît même qu'on avait été dire au Général que je logeais chez l'entrepreneur des communications entre le Fort et Cherbourg, disant par là que je protégeais ce dernier. Il est vrai qu'à ce moment j'avais un pied à terre chez M. Raisin. Mais si j'avais choisi sa demeure, c'était pour être plus à proximité de savoir des nouvelles du Fort, puisque journellement les marins venaient rendre compte de leur service à l'entrepreneur; et, du reste, je ne sache pas qu'on puisse m'en faire un crime; j'avais un bail, je payais comme tout autre mon logement. Ainsi que pouvait-on me reprocher? Rien absolument.

Je répondis à toutes ces questions du Général et finis par le convaincre de la fausseté de ces accusations. Je le priai instamment de me communiquer la pièce dressée contre moi, et malgré mes instances, je ne pus l'obtenir. M. Le Chartier m'assura que je m'étais suffisamment disculpé, qu'il reconnaissait la fausseté de ces accusations, et m'engagea lui-même à rester tranquille, à ne plus écrire à M. le Lieutenant-Général, disant que mes lettres ne faisaient que l'ennuyer. Il me fit donner les mêmes conseils par un de mes amis, M. Roy de Bourdeville, aumônier au Fort-Royal, ajoutant que tous mes tracas finiraient bientôt, et que j'étais sûr de rester au Fort tant que je le voudrais.

Il est facile de croire à mon indignation en recevant ma destitution; je vis alors à quel point j'avais été joué par M. le général Chartier, qui, malgré tout ce qu'il m'avait dit, n'en avait pas moins appuyé les plaintes de la cantinière, surtout après avoir vu la correspondance que je cite ici. Je croyais qu'après la lettre qu'il m'avait écrite le 6 mai 1843, M. de Morlaincourt aurait eu assez de délicatesse pour annuler les notes qu'il m'avait données auprès des Généraux, et prévenir ainsi ce changement qu'il demandait depuis trois ans, afin, je l'ai su depuis, de placer un de ses protégés.

Je saisis cette occasion pour faire comprendre à mes lecteurs que sans cette dernière infamie à laquelle j'étais loin de m'attendre, je me serais abstenu de relever tous les torts de M. de Morlaincourt à mon égard. En consentant à lui servir de témoin, j'avais fait sentir à M. le Colonel combien sa conduite avait été injuste envers moi, il avait reconnu ses torts et m'avait témoigné combien il en était peiné. Aussi, je le répète, sans le dernier coup qui est venu me frapper, je n'aurais rien relevé. Mais j'ai été par trop indigné en voyant que, malgré toutes ses protestations et sa dernière lettre, M. le Colonel n'en avait pas moins poursuivi ses plaintes contre moi. J'ai cru devoir démasquer à mes concitoyens combien était odieuse sa manière d'agir et jusqu'à quel point est allée sa haîne.

C'est alors que j'écrivis à M. le Lieutenant-Général Teste :

« Fort-Royal, le 8 mai 1843.

» Mon Général,

» Je ne puis m'empêcher de vous écrire pour
» vous donner connaissance de la manière indi-
» gne dont j'ai été trompé par M. le Maréchal de
» Camp Le Chartier.

» Lorsque j'eus l'honneur de vous soumettre
» une demande d'enquête judiciaire que j'adres-
» sais à son Excellence le Maréchal Ministre de
» la Guerre, vous avez eu la bonté d'envoyer à
» Cherbourg M. Le Chartier pour prendre des
» renseignements : M. le Maréchal de Camp y est
» venu en effet, mais quelle espèce d'enquête
» a-t-il fait? aucune. Il m'a fait appeler et m'a
» posé *trois uniques* questions. Après quoi, sur
» mes demandes réitérées de voir la plainte
» portée contre moi par la cantinière Bazin, il
» n'a pas voulu y accéder, et m'a seulement
» répondu : Eh bien, vous êtes justifié, que voulez-

» vous de plus? Il m'a ensuite conseillé de ne » plus vous écrire, que cela vous importunerait, » et il a été j'usqu'à dire à un de mes amis: Con- » seillez à cet Officier de ne pas écrire davan- » tage, il restera au Fort tant qu'il voudra, » tous ses tracas finiront bientôt. Eh bien, tout » cela, mon Général, était faux, c'était afin de » m'accabler plus sûrement dans l'ombre, de » concert avec M de Morlaincourt, et pour m'ô- » ter tous moyens de justification. La preuve, » Mon Général, qu'il ne tenait pas à me justifier » à vos yeux, c'est que la cantinière du Fort, qui » entra chez M. le Maréchal de Camp après moi, » en sortit en criant à qui voulait l'entendre : » Victoire, je reviens couverte de lauriers, il ne » restera pas au Fort. Je ne pouvais ajouter foi » à ce qu'elle publiait, parce qu'il me répugnait » de soupçonner seulement qu'un Général pût » se conduire aussi indignement à l'égard d'un » Officier qui ne demandait qu'à se justifier.

» Cette enquête que j'ai demandée, je ne l'ai » point retirée, j'attendais tous les jours à voir » les effets de ma demande, et au lieu de rece- » voir les moyens de me justifier, c'est une » condamnation, un jugement prononcé sans » que j'aie été admis à me défendre légalement. » Si cette enquête judiciaire n'a pas eu lieu, » c'est que M. Le Chartier ne vous aura pas dit » que mon intention immuable était d'y donner » suite, parce qu'il savait fort bien que si ma » défense était accueillie, il serait évident que

» les torts les plus graves n'étaient pas de mon » côté.

» Aujourd'hui, je reçois un changement, » disgrâce qui me prouve combien j'ai été joué » et trompé : eh bien, ce changement, je le re- » fuserai; mais avant de dire un dernier adieu » à l'armée, je veux être utile à mes collègues; je » veux éclairer le Ministre de la guerre et sa » Majesté sur la manière dont on fait des en- » nemis au gouvernement, en trahissant aussi » indignement des serviteurs loyaux et fidèles; » c'est pourquoi, je réclame immédiatement de » Son Exellence et du Roi l'enquête que l'on » me refuse depuis si long-temps. Loin de de- » mander une réintégration, je refuse le poste » de Besançon, parce que dès lors qu'on m'en- » lève un poste de confiance comme le Fort- » Royal, à moi décoré de la main du Roi, » après trente ans de loyaux services et un » attachement sincère au gouvernement, je ne » crois pas qu'on puisse me juger digne d'être » porté plus long-temps sur les contrôles de » l'armée; c'est pourquoi je vais faire valoir mes » droits à la retraite, une fois que j'aurai subi » l'épreuve que je demande, parce qu'alors » mon honneur sera satisfait.

» Eh bien, M. de Morlaincourt, cet homme si » acharné à ma perte, cet homme qui alla » même jusqu'à nier de croire à ma parole » d'honneur vient de prouver qu'il n'agissait » aussi injustement à mon égard que sous l'in

» fluence de passions honteuses pour un Officier-
» Supérieur. Daignez, Général, prendre connais-
» sance de la lettre ci-jointe elle vous le prou-
» vera. (C'était la lettre que M. de Morlaincourt
m'avait adressée le 6 mai 1843.) C'est que
» j'ai été assez généreux, moi qui avais tant de
» sujets de me plaindre de M. de Morlaincourt,
» pour ne pas lui refuser, sur sa demande, comme
» il le dit lui-même, de lui servir de second dans
» un duel qu'il devait avoir avec le rédacteur du
» *Journal de Cherbourg*. C'est que si ce duel n'a
» pas eu lieu, s'il a évité les suites fâcheuses
» qui l'auraient accompagné, c'est grâce à moi,
» qui ai apaisé les esprits et ai obtenu pour lui
» une réparation convenable.

» Eh bien, mon Géneral, après cette lettre
» il vous sera facile, je pense, de reconnaître
» que tous les rapports faits contre moi n'étaient
» que faux et mensonges, et que c'est avec jus-
» tice que je fais de nouvelles demandes auprès
» de Son Exellence et du Roi.

» Je suis, etc. MONORY. »

» A M. le Lieutenant-Général Teste. etc. »

Je m'adressais en même temps à Sa Majesté :

» A Sa Majesté, Louis-Philippe 1er etc. »

» SIRE »

» Le Capitaine Monory, Chevalier de l'ordre

» royal de la légion d'honneur, Adjudant de » Place commandant le Fort-Royal, a l'hon- » neur de vous exposer qu'il vient d'être frappé » d'un coup terrible qui l'atteint dans son hon- » neur et dans ses intérêts les plus chers. En » effet, le changement qu'il vient de recevoir est » à ses yeux, comme à ceux de l'opinion publi- » que, une véritable destitution, ou du moins » une disgrâce d'autant plus éclatante que » toujours, et spécialement dans la place qu'il » occupe, il a tout fait pour mériter de ses » chefs et de tous ses concitoyens. Ce change- » ment le blesse dans ses intérêts les plus chers, » car il est pénible à un père de famille, à un » vieux militaire, de perdre tout-à-coup, par » un déplacement coûteux, la position tranquille » et honorable qu'il s'était faite au prix de ses » peines et de ses longs services.

» Sire, pour vous mettre à même d'apprécier » si cette disgrâce est méritée, ou si l'exposant » n'est pas victime de l'intrigue et de la calom- » nie, qu'il lui soit permis de retracer en peu » de mots à Votre Majesté l'exposé de sa vie » militaire toute entière:

» L'exposant a 30 ans de services, et depuis » le jour où pour la première fois il endossa » l'habit de soldat, jusqu'au jour, où dans les » émeutes de Paris, Sa Majesté attacha elle-même » sur sa poitrine le signe de la légion d'honneur, » sa vie, il ne craint pas de le dire, a été toute » d'honneur et de dévouement à la patrie.

» Depuis l'avénement au trône de Votre Majesté, » partisan sincère et dévoué de son gouvernement, tout ce qui était en son pouvoir, il l'a » fait auprès de ses concitoyens pour le soutenir et le consolider. Commandant du Fort-Royal, il n'a eu qu'un malheur, c'est de déplaire à son chef. Mais que Sa Majesté daigne » consulter l'opinion publique, elle lui dira de » quel côté sont les torts, elle lui dira si l'exposant ne s'est pas, lui, conduit toujours avec » honneur, si les dangers l'ont arrêté quand il » s'est agi d'arracher à la mort de malheureux » naufragés. En un mot, que l'on fouille sa vie » tout au long, il est prêt à la mettre au grand » jour.

» D'où provient donc cette disgrâce de l'exposant? le voici: c'est que l'intrigue et la calomnie ont fait jouer leurs ressorts, c'est que » l'homme qui n'a pas empêché la fille d'un » portier-consigne de traîner, sur un faux rapport, son chef pendant huit mois devant les » tribunaux, c'est que les hommes qui ont empêché de justes réclamations de parvenir jusqu'au Lieutenant-Général et au Ministre » avaient calculé et arrêté la perte de l'exposant.

» Dans ces circonstances, Sire, l'exposant réclame humblement de Votre Majesté, non pas » une réintégration, mais qu'elle daigne ordonner l'enquête judiciaire qu'il a réclamée inutilement avec tant d'instances, afin qu'une » fois la vérité connue, il soit puni, s'il est cou-

» pable, mais s'il est innocent, qu'il soit donné » à son honneur la juste réparation qui lui con» vient.

» Confiant dans votre haute justice, Sire, » l'exposant ose espérer que vous daignerez » répondre favorablement à sa respectueuse » réclamation.

» Celui qui de Votre Majesté, etc.

» MONORY. »

Le lendemain j'adressais au Ministre de la guerre une requête beaucoup plus développée que la précédente, dans l'espoir que j'obtiendrais enfin ce que je demandais :

« Fort-Royal, le 9 mai 1843.

» Excellence,

» Le Capitaine Monory, etc. etc..... a l'hon» neur de vous exposer ce qui suit : Convaincu » que la disgrâce qu'il vient d'éprouver n'est » que le résultat des discussions qui ont existé » entre M. le Colonel de Morlaincourt et lui, et » des rapports calomnieux qui en ont été la suite, » l'exposant se voit obligé pour réparer son hon» neur outragé de vous faire connaître l'origine » de ces dissentions et de ces rapports; la voici:

» L'ordre et la tranquillité régnaient au Fort-

» Royal lorsqu'y arriva, en qualité de portier-
» consigne, le sieur Rouzeau avec sa femme, sa
» fille et sa belle-mère agée de 85 ans; l'expo-
» sant ne tarda pas à s'apercevoir que ce portier,
» dont M. le Colonel de Morlaincourt a fait de-
» puis les plus grands éloges, était un homme
» dangereux pour la discipline, un ivrogne, un
» mauvais père et un mauvais fils. Il se vit
» bientôt forcé, pour arrêter les mauvais traite-
» ments que cette famille exerçait contre leur
» vieille mère, et pour faire cesser les scènes
» scandaleuses qui en étaient le résultat, d'inter-
» poser son autorité et de menacer Rouzeau de
» le dénoncer à la justice si ces scènes se renou-
» velaient. A partir de ce moment, Rouzeau
» furieux de se voir arracher sa victime s'est
» déclaré en guerre ouverte contre l'exposant;
» mais comme il n'avait aucune prise contre son
» chef, il eut recours à la ruse et à la calomnie:
» il nero ugit pas de faire signer à 4 hommes
» des plus mauvais sujets de la compagnie un
» faux rapport duquel il résultait que la femme
» de l'exposant était allée l'insulter chez lui et
» avait même tenu à sa fille des propos outra-
» geants, propos que la femme la plus éhontée
» rougirait de répéter. Ce faux rapport, il l'adressa
» à M. de Morlaincourt qui fit appeler l'expo-
» sant. Celui-ci protesta avec indignation contre
» cette infamie, il expliqua sa conduite et don-
» na sa parole d'honneur que ces explications
» étaient l'expression de la vérité. A la réponse
» de M. le Colonel de Morlaincourt, l'exposant

» jugea que, par des motifs qu'il ne lui appar-
» tient pas d'expliquer, le Colonel avait pris la
» famille Rouzeau sous sa protection. Aussi,
» confiant dans cet appui, le portier-consigne
» ne craignit pas de traduire devant les tribu-
» naux l'exposant et sa femme qui sont restés
» pendant huit mois sous le coup de ce procès, et
» qui devant les magistrats ont eu à supporter
» les calomnies dégoûtantes que Rouzeau leur
» a fait prodiguer par un avocat. Ce n'est pas
» tout, peu de temps après cette 1re scène, l'ex-
» posant se vit forcé par M. de Morlaincourt de
» faire, contrairement à tous les réglements,
» des exceptions en faveur de la cantinière, la
» dame veuve Bazin. et de sa fille. Dernièrement
» encore, encouragée par ce premier succès,
» cette femme s'est permis d'adresser contre lui
» une plainte à M. le Lieutenant-Général, pré-
» tendant qu'il avait commis contre elle un
» grand nombre d'abus d'autorité; or, sans l'a-
» voir fait appeler, sans avoir pris de rensei-
» gnements sur ces imputations, l'exposant a
» été blâmé immédiatement par M. le Lieute-
» nant-Général. (Je ne regardais pas comme
des renseignements ceux que M. le Général Le
Chartier avait pris auprès de M. de Morlaincourt, qui naturellement appuyait toutes les dénonciations portées contre moi.) » Dans son in-
» dignation, trois fois il vous a adressé une de-
» mande d'enquête sur tous ces faits, trois fois
» cette demande lui a été renvoyée sans qu'elle
» soit parvenue à Votre Excellence, ce qui fait

» qu'aujourd'hui il se permet de s'adresser di-
» rectement à elle, sans passer par la voie hié-
» rarchique. Sans doute M. le Lieutenant-Géné-
» ral chargea M. le Maréchal-de-Camp Chartier
» de faire une enquête, mais M. Le Chartier se
» contenta de faire venir l'exposant chez lui, de
» lui adresser deux ou trois questions, de le
» dissuader d'écrire de nouveau et de donner
» d'autre suite à cette affaire, lui déclarant qu'il
» était justifié. Le lendemain, l'exposant apprit
» que la cantinière était allée après lui chez M.
» le Maréchal-de-Camp et qu'elle en était sortie
» en disant qu'elle avait remporté la victoire.

» Ainsi, par la conduite de M. de Morlaincourt
» à son égard, l'exposant a vu depuis deux ans
» son autorité au Fort-Royal entièrement pa-
» ralysée; il s'est trouvé, lui, ancien militaire,
» ayant gagné ses épaulettes sur le champ de
» bataille, lui décoré des mains de Sa Majesté,
» lui chef d'un poste de confiance, il s'est
» trouvé à la merci d'un portier-consigne et
» d'une cantinière. Votre Excellence compren-
» dra que plusieurs fois l'exposant dut mani-
» fester son mécontentement à M. le Colonel de
» Morlaincourt et lui demander justice. Ces de-
» mandes réitérées n'ont eu pour effet que de
» l'irriter davantage contre lui et de l'amener à la
» disgrâce contre laquelle il proteste aujourd'hui
» de toutes les forces de son âme.

» Dans ces circonstances, M. le Ministre, l'ex-
» posant ayant la conviction que votre Excel-

» lence a été surprise dans sa religion par la » calomnie dont il a été l'objet, vous présente » humblement sa requête, à ce qu'il vous plaise » d'ordonner qu'une enquête sévère soit faite » sur sa conduite depuis qu'il est Commandant » du Fort-Royal, afin que l'on sache s'il n'a pas » toujours agi avec honneur, et s'il a démérité » un seul instant d'occuper le poste de confiance » dont il était chargé.

» Sa vie toute entière, et comme militaire et » comme citoyen, il ne craint pas de la mettre » au grand jour, car elle n'a cessé d'être irré- » prochable. Que Votre Excellence consulte le » Lieutenant-Général Négrier, sous les ordres » duquel il a servi pendant douze ans, qu'elle » consulte ses états de service et Votre Excel- » lence verra qu'il a toujours été un soldat obé- » issant à ses chefs et dévoué à sa patrie. Que » Votre Excellence consulte M. le général Meslin » et M. Quenault, avocat-général à la cour de » cassation, elle apprendra que l'exposant est un » partisan sincère et dévoué du gouvernement » du Roi, et qu'il a tout fait auprès de ses con- » citoyens pour le soutenir et l'affermir. Que » Votre Excellence consulte l'opinion publique, » elle apprendra si l'exposant, usant de l'expé- » rience que lui ont donné 18 ans de mer, n'a » pas, maintes et maintes fois exposé sa vie » pour secourir et sauver l'équipage de navires » naufragés sur les rochers du Fort-Royal. Et » quand l'exposant n'aurait pas recours à tous

» ces témoignages, n'a-t-il pas en main une
» pièce de M. le Colonel de Morlaincourt qui
« prouve qu'il n'a jamais cessé de mériter l'es-
» time général,e et qui prouve en même temps
» que M. de Morlaincourt n'est pas sans regret-
» ter d'avoir agi aussi injustement qu'il l'a fait
» à son égard.

» Comme l'exposant l'a déjà dit dans sa pé-
» tition à Sa Majesté, le 8 du courant, ce n'est
» pas une réintégration qu'il demande; ce qu'il
» désire, c'est la faveur qui ne se refuse jamais
» à un accusé, c'est le moyen de prouver son in-
» nocence, et d'obtenir par là la juste réparation
» de l'outrage que l'intrigue et la calomnie ont
» fait à son honneur. Une enquête judiciaire
» peut seule atteindre ce but.

» Plein de confiance dans votre impartialité
» et votre haute justice, l'exposant ose croire
» que vous voudrez bien faire droit à sa de-
» mande, et ordonner l'enquête judiciaire qu'il
» réclame avec tant d'instance.

« Je suis, etc. MONORY. »

J'appris peu de jours après que diverses pétitions avaient été adressées à M. le Maréchal Ministre de la guerre pour protester contre la disgrâce qui me frappait. Je sais qu'elles ne furent pas prises en considération. On ne pouvait revenir sur la décision ministérielle; mais je dois en témoigner ici toute ma reconnaissance à ceux qui ont bien voulu m'accorder leur estime et prendre ma défense; je réclamerai leur indulgence si je cite ces pétitions qui ne peuvent nuire à ma cause, m'abstenant toutefois de donner les noms des signataires. Ces deux mots m'ont été communiqués ces jours derniers. Les voici:

» Copie de la pétition adressée au Ministre de
» la guerre par MM. les négociants de Cher-
» bourg.

» Monsieur le Maréchal,

» Le Capitaine d'infanterie Monory, Comman-
» dant le Fort-Royal, vient de recevoir son
» changement de destination et sa nomination
» au poste de Lieutenant de Place à Besançon.

» Les soussignés, négociants, armateurs, et
» autres habitants de la ville de Cherbourg,
» viennent vous témoigner en cette circonstance
» le vif regret qu'ils éprouvent d'être à la veille
» de perdre un brave Officier, digne à tous
» égards de l'estime et de la considération pu-
» bliques, et qui, dans le poste de Commandant
» du Fort-Royal, a rendu des services nombreux
» à la marine, et pourrait en rendre encore en
» sa qualité de marin pratique.

» Ils ont l'honneur de vous supplier, en con-
» séquence, de prendre leur démarche en
» considération, et de rapporter, s'il y a lieu,
» la décision que vous avez prise à l'égard de

» Monsieur Monory. En le fesant, vous rendrez
» un service à tout le commerce en général, et
» à notre place en particulier.

» Les soussignés vous prient d'avoir l'hon-
» neur d'agréer, etc,

» Suivaient de nombreuses signatures. »

2e pétition.

» A M. le Ministre de la guerre, etc.

» Monseigneur,

» Tout en professant le plus haut respect
» pour vos décisions, nous vous prions de nous
» permettre d'exprimer à Votre Excellence les
» vifs regrets que nous fait éprouver la dispo-
» sition qui appelle à d'autres fonctions le
» Capitaine Monory, présentement Comman-
» dant le Fort-Royal de Cherbourg.

» Nous ne pouvons que témoigner de ses
» nombreuses et éminentes qualités, et nous
» n'avons tous qu'à nous louer de sa conduite.
» Considéré sous le rapport de son mérite,
» nous osons croire qu'il sera difficilement rem-
» placé: indépendamment de ses talents mili-
» taires, il possède de vastes connaissances
» nautiques qui l'ont mis à même de rendre de
» nombreux et signalés services à la marine,
» pendant tout le temps de sa gestion au Fort.

« Nous formons en conséquence, les vœux les
» plus ardents, pour qu'une éclatante justice

» soit rendue à cet Officier dont toute la carrière
» a été si distinguée et qui nous paraît victime
» d'insignes calomnies.

» Au Fort-Royal, le 11 mai 1843, etc. »

Le 8 juin 1843, voyant que je ne recevais pas de réponse à mes demandes d'enquête, j'écrivis de nouveau.

» A son Excellence le Maréchal Ministre de
» la guerre, etc.

» Excellence,

» Le Capitaine Monory, etc., a l'honneur de
» vous exposer ce qui suit:

» Ce n'est pas sans un vif sentiment détonnement et d'émotion pénible que l'exposant
» a vu le silence absolu gardé par Votre Excellence sur la demande d'une enquête judiciaire qu'il lui avait adressée à l'occasion des
» faits qui avaient motivé son changement.
» Après la communication qui vous a été faite
» de sa supplique au Roi; en présence des faits
» graves articulés par l'exposant, en présence
» aussi des témoignages d'intérêt qui, lui a-t-on
» dit, sont parvenus à Votre Excellence, des habitants intègres du Fort-Royal, et des notables commerçants de Cherbourg, il avait dû
» penser qu'une enquête serait ordonnée immédiatement, ou du moins que Votre Excellence

» daignerait répondre que sa demande avait été
» prise en considération, et qu'il y serait fait
» droit. l'Intrigue aurait-elle encore fait jouer
» ses ressorts et empêché la réclamation d'ar-
» river jusqu'à vous? Des ennemis puissants
» craignant de voir tomber le voile qui couvre
» leurs turpitudes, ont-ils eu de nouveau re-
» cours à la calomnie? ou bien les intérêts
» graves qui vous sont confiés ont-ils seuls
» arrêté les effets de votre décision? Flottant
» entre ces diverses pensées, l'exposant a pris
» le parti de faire un nouvel appel à l'interven-
» tion royale et à la sollicitude que Votre Excel-
» lence a montrée en toute occasion à chacun
» des membres de l'armée. L'exposant ne veut
» pas de scandale, il veut que l'intrigue soit
» déjouée, que la calomnie soit démasquée.
» Ce ne sont pas des faveurs, des honneurs
» qu'il sollicite, c'est une justice qu'il réclame,
» c'est l'exercice du droit naturel qui revient à
» tout homme accusé de connaître les faits qui
» entraînent sa disgrâce pour prouver que cette
» disgrâce n'est pas méritée, c'est son honneur
» qu'il veut sauver. L'exposant, Monsieur le
» Ministre, a la plus grande confiance en
» votre justice; aussi, Votre Excellence com-
» prendra qu'en pareil cas les retards sont per-
» nicieux; sans doute, l'exposant a des preuves
» écrites, mais il devra invoquer en même
» temps le témoignage d'hommes honorables
» que des circonstances peuvent d'un moment
» à l'autre obliger à quitter Cherbourg. L'expo-

» sant lui-même n'a qu'un congé d'assez courte
» durée dont il a le plus grand intérêt à profi-
» ter.

» Dans ces circonstances, Monsieur le Minis-
» tre, l'exposant se reportant à sa pétition du
» 9 mai dernier, vous conjure avec de nouvelles
» instances d'ordonner sans délai une enquête
» judiciaire, et de former un conseil devant
» lequel il sera appelé à se justifier.

» J'ai l'honneur, etc.,

» MONORY. »

» A Sa Majesté, etc.

» Sire,

» Le Capitaine Monory, etc, a l'honneur de
» vous exposer : que le 8 mai dernier, il adressa,
» à Votre Majesté, une supplique dans laquelle
» se plaignant de son changement qu'il regar-
» dait comme une disgrâce, il demandait avec
» instance une enquête judiciaire sur les faits
» qui avaient motivé la décision ministérielle.
» Victime de la calomnie et de basses intrigues,
» blessé dans ce qu'un homme a de plus cher au
» monde, son honneur, l'exposant vous disait
» quel intérêt immense il avait à ce que la vérité
» se fît jour au plus tôt.

» Votre Majesté daigna prendre en considé-
» ration la demande de l'exposant, puisque peu
» de jours après il recevait de la maison de
» Votre Majesté l'avis que sa supplique avait

» été renvoyée à M. le Ministre de la Guerre
» comme rentrant dans ses attributions. Il devait
» s'attendre dès lors que prompte justice serait
» faite. Il n'en a pas été ainsi. Le 2 juin il rece-
» vait de M. le Ministre une permission de congé,
» mais sans un seul mot de réponse sur la de-
» mande d'une enquête judiciaire. Ce silence de
» la part du Ministre a le droit d'étonner et de
» confondre. Son Excellence ne peut ignorer
» qu'en pareil cas les moments sont précieux,
» que chaque jour qui s'écoule peut faire dispa-
» raître une preuve, enlever à l'exposant les
» moyens d'établir son innocence et le faire
» passer plus tard pour un calomniateur, quand
» aujourd'hui il a pour lui et la justice et le bon
» droit.

» Dans ces circonstances, Sire, l'exposant a de
» nouveau recours à votre protection royale. Il
» n'ignore pas que tous les instants de Votre
» Majesté sont absorbés par les grands intérêts
» de l'État ; mais il sait en même temps que
» votre appui n'a jamais failli, quand il s'est agi
» de sauver l'honneur d'un Officier décoré, de
» protéger les droits d'un citoyen et les intérêts
» d'une famille toute entière. Aussi, fort de sa
» conscience et confiant dans votre bonté, l'ex-
» posant est-il convaincu que, grâce à votre
» puissante intervention, la justice qu'il réclame
» ne se fera pas plus long-temps attendre.

» Je suis, etc.

« MONORY. »

Je ne reçus pas plus de réponse à ces lettres qu'aux précédentes. Voyant enfin que toutes mes demandes restaient sans fruit, je crus devoir quitter alors une carrière que j'ai toujours parcourue avec honneur, ne pouvant mieux prouver à mes compagnons d'armes que j'étais victime de la calomnie. Je pensai que le seul moyen de repousser la disgrâce dont on me frappait était de me retirer du service, en faisant valoir mes droits à la retraite : c'est ce que je fis en adressant, *quinze jours avant l'expiration de mon congé*, la lettre suivante à M le Maréchal Ministre de la Guerre.

» A S. E. le Maréchal Soult, etc.

» Monsieur le Maréchal,

» Le Capitaine Monory, etc., a l'honneur d'exposer à Votre Excellence qu'ayant vainement, depuis trois mois, adressé à Sa Majesté et à vous-même des réclamations tendant à obtenir un conseil d'enquête appelé à statuer sur les causes qui ont pu motiver un changement, une disgrâce qu'il ne peut accepter sans revendiquer tous les droits d'un homme d'honneur faussement calomnié et victime de la haine d'un chef qui n'a écouté que la voix de la passion et de basses intrigues ;

» Attendu qu'aucune réponse n'a fait droit à ses diverses réclamations, il est décidé à quitter la carrière militaire où, il ne craint pas de le dire hautement, il a toujours servi avec honneur, probité et dévouement à la patrie. C'est

» pourquoi, il vous prie de vouloir bien agréer » la demande qu'il vous fait de l'admettre à faire » valoir ses droits à la retraite, avec une solde » de congé jusqu'au jour où cette retraite sera » définitivement fixée.

» Je suis, etc.

» MONORY. »

J'attendais donc ici les résultats de cette dernière demande, lorsque les 9 et 10 octobre, je reçus de M. de Morlaincourt des lettres par lesquelles il m'était ordonné de rejoindre mon poste à Besançon. Je me contenterai de citer ici la réponse que je fis à une nouvelle lettre qu'il m'avait adressée d'après une de M. le Lieutenant-Général, du 17 octobre 1843. M. de Morlaincourt me demandait comme dans ses autres lettres de lui faire connaître *immédiatement* ma réponse, *désirant beaucoup*, disait-il, que je me rendisse à Besançon, que sans cela il serait obligé d'employer les moyens de rigueur pour me faire conduire à mon poste. Dans les réponses que j'avais faites à ses lettres précédentes, j'avais dit au Colonel que j'avais fait valoir mes droits à la retraite 15 jours avant l'expiration de mon congé, que d'ailleurs j'étais malade et que j'entrerais à l'hôpital si l'on m'y contraignait, puisque mon état l'exigeait. Enfin, je lui avais dit à lui-même que j'attendais une prolongation de congé. Aussi je répondis à sa lettre du 21 octobre.

« Cherbourg, le 21 octobre 1843.

» Mon Colonel,

» Après avoir pris connaissance de votre

» lettre en date du vingt-un du courant, où vous » me citez celle de M. le Lieutenant-Général » Teste du 17 et celle de M. Le Chartier du 19 » octobre, j'ai l'honneur de vous prévenir qu'é- » tant dégoûté du service par les vexations indi- » gnes que vous m'avez fait endurer jusqu'au » moment où, par l'appui que vous avez donné » à d'odieuses et mensongères dénonciations, » vous avez obtenu mon changement, j'ai de- » mandé ma retraite dix jours avant l'expiration » de mon congé. Cette demande qui m'a été re- » tournée, je l'ai renvoyée le *jour même* en solli- » citant une solde de congé jusqu'au jour où ma » retraite serait définitivement fixée. Puisque » S. E. le Maréchal-Ministre n'a pas répondu, il » est probable qu'il admet ma demande; ainsi, » mon Colonel, je me trouve pleinement dans mes » droits. Je ne veux pas servir plus long-temps, » parce que je ne sais pas ce que c'est que des- » cendre de grade et abandonner les insignes » du commandement dont je crois être digne; » j'ai donc fait valoir mes droits à la retraite.

» Tout ce que je désire aujourd'hui, c'est ma » retraite, et pour rejoindre le poste qui m'a été » assigné, je ne m'y rendrai que par la force. » D'ailleurs, je pourrais ajouter, ainsi que je » vous l'ai dit dans ma dernière lettre, que je » suis malade, et, par conséquent, dans le cas » et le droit d'entrer à l'hôpital, *si l'on m'y con-* » *traint*. Au surplus, je savais bien que je devais » m'attendre à tout de la part de M. le Général » Le Chartier, après la manière indigne dont il

» s'est conduit envers moi dans cette affaire.

» J'ai l'honneur, etc.

» MONORY. »

Ma lettre fut probablement communiquée à M. le Maréchal-de-Camp, et je fus mis aux arrêts forcés par une lettre de M. de Morlaincourt (en date du 24 octobre 1843). On rendit compte des arrêts qui m'étaient infligés à M. le Lieutenant-Général Teste; et pour complément, je reçus une lettre qui me condamnait à un mois de prison. Ainsi, non content de me renfermer chez moi, c'est dans une prison qu'on me confinait comme un criminel.

Maintenant j'ajouterai : J'avais prévenu M. de Morlaincourt que j'attendais une permission ; je savais que cette permission avait été signée le 19 octobre et envoyée immédiatement. Eh bien, on voit à quel point on cherchait à me tracasser et avec combien d'astuce on agissait à mon égard: cette permission qui m'était adressée le 19, on l'a arrêtée, et au lieu de me la faire parvenir, on commence par m'infliger huit jours d'arrêts forcés, puis un mois de prison, et, cependant, on savait parfaitement que j'étais dans mes droits puisqu'une permission m'était délivrée, et ce n'est qu'après que mon mois de prison fut fait qu'on voulut bien me l'envoyer.

Ce fut M. Bliby, Lieutenant de Gendarmerie, à Cherbourg, qui eut la mission de me signifier l'ordre d'incarcération et de m'escorter jusqu'au lieu de détention. Certainement je n'eus point à me plaindre dans cette occasion des procédés de M. Blihy, mais toujours est-il que l'on venait avec le secours de la Gendarmerie m'arracher au milieu de ma famille, pour me jeter dans une prison sous le même toît que des malfaiteurs de tout genre, et cela contrairement à toute justice, puisque j'étais bien dans mes droits par la permission qui depuis long-temps aurait dû mettre remise, et que l'on retenait.

Voici quelle était la lettre qui m'annonçait le mois de prison auquel j'étais condamné:

« Place de Cherbourg.

N° 770.

« Cherbourg, le 30 octobre 1843.

(Je dois faire remarquer ici la date de cettre lettre avec la date de la permission signée du 19 du même mois.)

» Capitaine,

» M. le Lieutenant-Général, Commandant la » division, par ordre du 25 de ce mois, vous » inflige un mois de prison pour refus d'obéis- » sance.

» Il ne m'est point prescrit de vous faire in- » carcérer dans la prison de la ville ou dans » le Fort du Homet, dépendant de cette » place. Voulant, en ce qui dépend de moi, » adoucir la position fort désagréable dans » laquelle vous vous êtes volontairement placé, » je vous laisse le choix entre ces deux lieux de

» détention, mais c'est à la condition que si
» vous optez pour le *Homet*, vous me donnerez
» votre parole d'honneur de ne point chercher
» à en sortir avant l'expiration du mois que
» vous devez y passer.

» Je regrette, Capitaine, que vous ayez
» poussé les choses au point où elles sont ar-
» rivées.

» Recevez, etc.

» de MORLAINCOURT. »

Depuis l'affaire que M. de Morlaincourt devait avoir avec M. le rédacteur du *Journal de Cherbourg*, et sa lettre du 6 mai 1843, M. de Morlaincourt dans ses rapports avec moi s'exprimait d'une manière beaucoup plus digne de sa position et en homme qui avait la conscience de ses torts, sans cependant avoir le mérite de les reconnaître hautement. Aussi, dans la lettre cidessus, on peut aisément faire la différence avec le style arrogant de ses premières. Mais ce n'était pas là le moyen de réparer tout le mal qu'il avait fait, ce n'était point par un semblant de protection, du reste trop tardive, qu'il pouvait désabuser les chefs qui avaient été trompés; c'était, comme je l'ai déjà dit, en écrivant immédiatement au Général et au Ministre, qu'il pouvait détruire toutes les calomnies si laborieusement amassées contre moi pendant trois années, mais il était trop timoré pour reconnaître hautement ses torts envers moi.

Aussi plein, d'une juste indignation au souvenir de tous ces griefs, je répondis immédiatement à la lettre ci-dessus par la suivante. Je ne voulais en rien de sa protection; il me répugnait de donner ma parole d'honneur à celui qui tant de fois l'avait méprisée en refusant d'y croire.

» Cherbourg, le 30 octobre 1843.

» Mon Colonel,

» Je reçois à l'instant votre lettre en date de
» ce jour: le lieu de détention que je choisis,
» c'est la prison de la ville; tant qu'à me décider
» à me rendre au Fort du Homet *sur ma parole*,
» jamais vous n'avez voulu y ajouter foi. Quant
» à la protection que vous semblez vouloir m'ac-
» corder, je vous en remercie, car les tracas que
» j'éprouve, c'est à vous seul que je les dois,
» après toutes vos menées et vos intrigues.

» J'ai l'honneur, etc.

» MONORY.

» P. S. Veuillez donner des ordres pour
» qu'un appartement me soit préparé à la pri-
» son, je m'y rendrai à 4 heures précises. »

Pour faire comprendre à mes lecteurs jusqu'à quel point mes épaulettes ont été ravalées, je dois faire mention d'un fait qui ne paraîtra pas sans importance.

J'avais, comme on le voit par ma lettre ci-dessus, demandé à M. de Morlaincourt qu'il ordonnât de me préparer une chambre à la prison de ville, eh bien! lorsque je me suis présenté, *escorté par l'Officier de Gendarmerie* pour être incarcéré, il m'a été répondu qu'on ne me devait point de logement, et, sans la complaisance du concierge qui m'en prépara un, il est probable que j'aurais été jeté dans la fosse commune avec les malfaiteurs de toute espèce. Voilà jusqu'où l'on traîna un Officier auquel on n'eut jamais rien à reprocher.

Maintenant je résume en quelques mots tout ce qui précède : Capitaine-Adjudant de Place, Commandant un poste honorable, Chevalier de la Légion d'Honneur, il m'a fallu pendant trois années lutter contre la haîne et la calomnie; mon commandement a été avili, mes épaulettes gagnées sur le champ de bataille, la croix, récompense donnée à la bravoure, mon honneur enfin, tout a été traîné dans la boue; j'ai été sacrifié tout entier à de honteuses passions, je me suis vu l'objet du mépris de ce qu'il y a de plus bas et de plus vil, et contraint, après avoir usé mes forces contre d'odieuses menées dirigées dans l'ombre, de boire jusqu'à la fange l'eau boueuse dont on m'abreuvait journellement. Aussi, accablé lâchement par des rapports mensongers, on juge avec quel étonnement je reçus la lettre qui m'accusait d'abus d'autorité ! jugé et condamné sans avoir été appelé à présenter ma défense, sans avoir subi un jugement, je demandai un conseil d'enquête. De même qu'on avait refusé de me faire connaître et mes accusateurs et les accusations portées contre moi, de même on me refusa la faveur qui ne se refuse jamais aux plus grands criminels.

Une destitution fut le prix de ma franchise et de mes réclamations ; je refusai le poste de Besançon. Alors j'ai été condamné aux arrêts forcés; mais c'était trop peu pour me punir d'avoir osé élever ma voix pour ma défense, on a trouvé trop doux de me renfermer chez moi, c'est derrière les verroux d'une prison que l'on m'a jeté comme un criminel qu'il faut se hâter d'écarter de la société, trop heureux encore de devoir à l'humanité du concierge, ancien militaire, de n'avoir pas été jeté pêle-mêle parmi les hommes sans mœurs et sans honneur dont regorgent les prisons. Mais on ne trouva pas qu'un mois fût assez, on y ajouta huit jours de plus, et cependant alors que l'on accumulait sur moi toutes ces punitions, j'étais parfaitement dans mes droits, puisqu'une permission m'était délivrée du 19 octobre 1843, et c'était le 24 du même mois que j'étais mis aux arrêts, et, le 30, condamné à un mois de prison. En m'adressant enfin ma permission, on m'annonçait que le Ministre ajoutait huit jours de prison de plus sans qu'on me communiquât la dépêche. Je laisse à penser quelle était la raison qui dictait cette nouvelle punition : comment le Ministre, m'accordait une permission, et tout en me l'accordant, il infligeait un surcroît de punition. Ainsi, il m'autorisait en même temps de rester à Cherbourg, et il me punissait pour n'être pas parti pour ma destination.

Cependant, tels étaient les résultats de la conduite que M. le Colonel de Morlaincourt avait tenue à mon égard. Non seulement M. le Colonel a eu le tort grave de me sacrifier à la haîne aveugle et à la passion, mais il a eu des torts plus graves encore en refusant de croire à la parole d'Officier d'honneur et d'une intégrité reconnue.

Aussi j'ai cru de mon devoir, et pour l'honneur du corps dont je fais partie, et pour l'armée entière, et pour ma propre réputation, de mettre au jour toute cette correspondance d'après laquelle il sera facile, je pense, de juger la position pénible dans laquelle je me suis trouvé pendant trois ans. Je m'abstiendrai de demander à mes lecteurs ce qu'ils eussent fait si un mauvais sort les eût mis dans ma position: confiant dans leur impartialité, je m'abandonne entièrement à leur jugement pour ma défense, je leur laisse à prononcer seulement sur ces dernières lignes :

Quelle a été la conduite du Colonel de Morlaincourt, comme Citoyen, comme Chef et comme Officier.

Enfin, pouvais-je, sans me reconnaître coupable, accepter le poste de Besançon?

Prison de Ville de Cherbourg, le 2 Novembre 1843.

A. MONORY, Ex-Commandant de Place du Fort-Royal, Chevalier de l'Ordre Royal de la Légion d'Honneur.

Typ. de BEAUFORT et LECAUF.

www.ingramcontent.com/pod-product-compliance
Ingram Content Group UK Ltd.
Pitfield, Milton Keynes, MK11 3LW, UK
UKHW020158200726
13856UKWH00003B/1062

9 782013 039369